Paul Cox

对话艺术家保罗·考克斯

创意源于限制

[法] 莎拉·马特拉 著
陈卓 译

上海人民美術出版社

图书在版编目（CIP）数据

对话艺术家保罗·考克斯：创意源于限制 /（法）莎拉·马特拉著；陈卓译. -- 上海：上海人民美术出版社，2023.9
书名原文：Conversation avec Paul Cox
ISBN 978-7-5586-2763-7

Ⅰ.①对… Ⅱ.①莎… ②陈… Ⅲ.①艺术 – 设计 Ⅳ.①J06

中国国家版本馆CIP数据核字（2023）第153714号

CONVERSATION AVEC PAUL COX (A CONVERSATION WITH PAUL COX)
by
SARAH MATTERA
Copyright:© EDITIONS PYRAMYD, 2019
This edition arranged with Pyramyd éditions
through Big Apple Agency, Inc., Labuan, Malaysia.
Simplified Chinese edition copyright:
2023 SHANGHAI PEOPLE'S FINE ARTS PUBLISHING HOUSE
All rights reserved.
Simplified Chinese copyright © 2023 by Shanghai People' s Fine Arts
Publishing House., Ltd.
本书简体中文版由上海人民美术出版社独家出版
版权所有，侵权必究
合同登记号：图字：09-2022-0580

对话艺术家保罗·考克斯：创意源于限制

著　　　者：	[法] 莎拉·马特拉
译　　　者：	陈　卓
责任编辑：	丁　雯
流程编辑：	李楚文
封面设计：	甘信宇
版式设计：	胡思颖
技术编辑：	史　湧
出版发行：	上海人民美术出版社
	（上海市闵行区号景路159弄A座7F　邮政编码：201101）
印　　　刷：	上海丽佳制版印刷有限公司
开　　　本：	700×1000　1/16　印张：11.25
版　　　次：	2024年1月第1版
印　　　次：	2024年1月第1次
书　　　号：	ISBN 978-7-5586-2763-7
定　　　价：	118.00元

序

　　写这本书之前我曾多次见过保罗·考克斯，特别是在他准备于蓬皮杜艺术中心儿童展览馆举办"建筑积木"展览期间，还有最近他又在那里为"我的眼睛"这一展览做准备时。在我逐渐爱上保罗作品的这十多年里，他的眼里始终有光，并且，他不断为世界带来奇迹。他作为一位艺术家的多面性，以及他作品所表达的准确性一直都能带给我惊喜。所以，当法国金字塔出版社邀请我写一本有关他的访谈录时，我立刻接受了。在我与保罗这场共计17小时26分钟的谈话中，我了解到保罗·考克斯工作时有条不紊的特点，他如研究人员进行科研一般，总是深入研究作品中问题的各个方面，以求解决方案。作品的完成需要经过一个漫长的过程，过程中总是会出现质疑，特别是要在公众的目光下完成这些完全抽象以及更具叙事性的项目。在我们的谈话中，我意识到我只了解到了他作品中的一小部分，而保罗·考克斯有取之不尽、用之不竭的创意源泉。他的作品中透露出无限的可能，我希望通过这次访谈可以将这一点展现出来。

莎拉·马特拉

版权声明

本书中所有图片均来自保罗·考克斯以及他家族的相关作品，以下除外：

第15页，图片印制在巴黎现代艺术博物馆举办的"眼镜蛇艺术群1948/1951"展览目录中（展览于1982年12月9日—1983年2月20日举办）；第17页底图，©PierreAlechinsky/Courtesy，勒隆画廊（GalerieLelong&Co.），AndréMorain摄影；第18页上下图：Courtesy，ZwartePanter画廊；第21页，奥德·考克斯；第32页，©巴黎大皇宫（尚蒂伊地区）/HarryBréjat；第76—77页，奥德·考克斯；第78页，©巴黎大皇宫（奥赛博物馆）/Hervé-Lewandowski；第79页，版权所有，不得翻印；第114页顶图，版权所有，不得翻印；第124—125页，奥德·考克斯；第132页，IannaAndreadis；第133、134—135页，奥德·考克斯；第139页，©法国国家图书馆。

所有图片均由保罗·考克斯提供，第26和29页除外，该两页图片由奥德·考克斯提供。

Conversation avec
Paul Cox

《一只小猫的墓志铭,纪念阿基布姆》,亨利·考克斯,2001年。

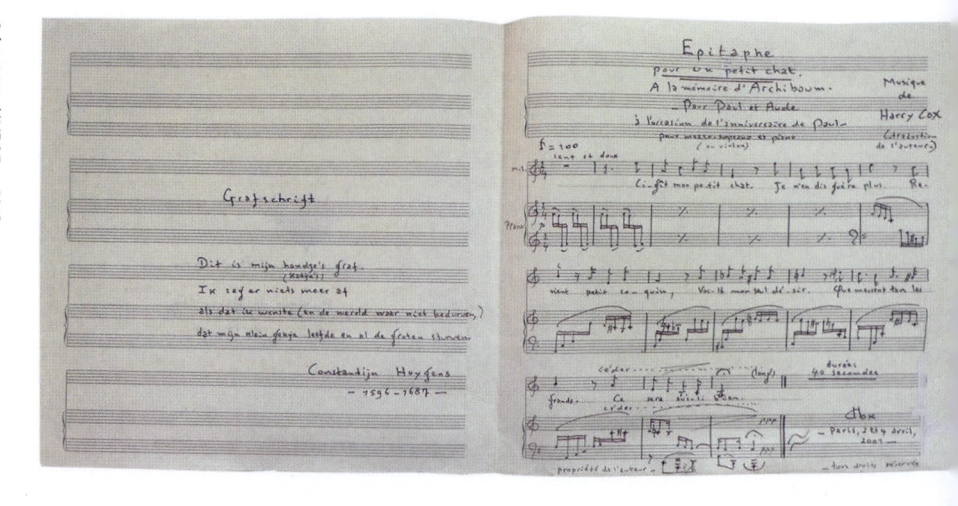

你经常被人们称为一个多面艺术家，如果由你定义自己，你会用一个什么头衔？

要说我是"视觉艺术家"好像不太适合，不够明确。出于种种原因，我更愿意说我是一个画家，因为绘画对我来说是最重要的。如果说我是平面设计师，好像也不太准确，因为平面设计并不是我的工作。不过插画家这个头衔对我来说似乎很贴切，所以我更愿意说我是画家，只是通过其他媒介来进行绘画创作的画家。而且我也喜欢"画家"这个略显老套的头衔！

你有艺术背景吗？

我的父母是钢琴家也是作曲家。他是一位了不起的钢琴家，1923年出生于荷兰，虽然是比利时籍，但骨子里是一个纯正的荷兰人。他在日内瓦跟着迪努·李帕蒂学习钢琴直到李帕蒂去世，之后又去了巴黎，成了娜迪亚·布朗热的学生。娜迪亚·布朗热是一位了不起的音乐教育家，现在也被称为现代音乐之母。

作为一名年轻的音乐家，我的父亲对十二音律十分着迷。他在相当长的一段时间内很崇拜斯特拉文斯基，后来又渐渐地失去兴趣，转向更加古典的流派，开始崇拜像普朗克和索格这样的钢琴家。他生活的时代充满了现代音乐，但古典音乐对他更有吸引力，他对艺术作品的选择也体现了他的审美。不过这并不意味着他不关注当代艺术家，事实上恰恰相反。为了谋生，他在一家荷兰报社担任通讯员，并为这家报社写展览报道，这也让年纪还小的我们可以经常接触到当代艺术作品。但在此期间他的兴趣偏向了20世纪初的艺术作品。他对当时最新的艺术作品几乎不感兴趣，而这些让十几岁的我热血沸腾。

我的母亲也是钢琴家，她和我的父亲在音乐学院相识。我认为她为我们这个家庭牺牲了自己的事业。

你的父母都是音乐家，一开始你有没有想过你也会走这条路？

是的，我曾经认为音乐就是自己的使命，而且我的身边又有父亲这样的榜样，这条路在我看来是最理所当然的。我从很小就开始学习小提琴，对我来说，成为一名演奏家好像会很自然，不过我也很喜欢画画。我一直在绘画和音乐之间犹豫不决，直到父亲生日那天，一切都变得清晰起来。

我们家有一个家庭仪式：在哥哥、姐姐和我每个人的生日那天，父亲会为我们各自写一首个人专属的曲子。有一年，到了父亲的生日，我觉得我也应该为他写一首曲子。当时我应该是八九岁的样子，我创作了一首有"维瓦尔第风格"的曲子送给他，我自己非常喜欢这首曲子。

我在自己的乐谱封面上画了一艘困在波涛汹涌的大海中的小船，我为这首小提琴曲取名为《风暴》。这首乐曲的灵感来自维瓦尔第的《海上风暴》，我在家里的藏书中发现了这张乐谱。在这张乐谱中，我特别注意到所有的上行音阶和下行音阶以一种无休止的方式组合在一起，我在我的乐谱里也借鉴了这样的谱曲方式。最终所有音符组合出了一幅我从未见过的美妙画面。

那时的我对音乐中的和声和对位几乎不了解，谱写出一首能被称为合格的乐曲显然是不太可能的。不过那时我还认为，乐谱的美感足以弥补这种不足，所以我自豪地把乐谱交给了父亲。父亲一拿到乐谱就在钢琴上开始弹奏，头两三个小节真的太可怕了，发出的声音简直折磨人！我感到非常不舒服，但这个时候我父亲开始即兴弹奏一首非常优美的乐曲，我马上反应过来他弹的不是我的乐谱！这次的经历让我很难过，但同时我也明白了一些事情，我意识到我正在经历一个决定性的时刻。我和父亲的生日相差了一周的时间，正好我母亲刚送给了我一个绘画工具包作为生日礼物。这是一个很好的机会，让我又可以面对新的命运。经过这些事情后，我仍然很享受拉小提琴的乐趣，但我不再认为自己会成为一名音乐家，我告诉自己，我会成为一名画家。我只是在执行我的计划时绕了一些弯路。

就是在那时你走上了另一条职业道路？

是的，意外的是我的母亲引导了我。她曾非常确定地告诉我，在包豪斯时代老师们会鼓励学生去学习第二专业，因为这有可能会成为一种维持生计的职业，例如管道安装之类的，以免学生在应对毕业后生活中的突发情况时措手不及。我从来没有证实过这是不是事实，但它一直困扰着我，以至于我在高中毕业后不得不做出选择时，想起了母亲的这番话。我的父母过着非常拮据的生活，虽然他们的精神生活很浪漫，但现实生活完全与浪漫不沾边。他们为了艺术而活，这样的生活方式非常美好、纯粹，又富有英雄主义精神，但他们的现实生活真的是一团糟，我不想像他们一样。

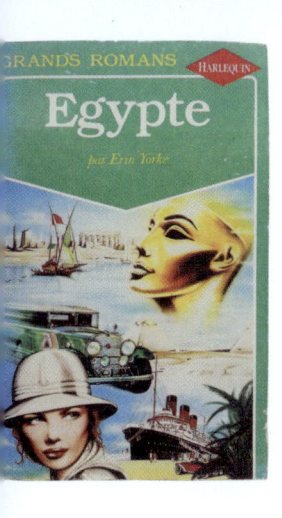

所以我认为自己必须有一个谋生的职业，而不仅仅是当一个画家。

在我读书的那个时代，学校可以给的指导意见很少，学生们多多少少还是要靠自己。经过一段时间的思考，我想最好的出路可能是去当老师。从教育的角度来说，我虽然对艺术的了解还不够，但我读过很多的英语文学作品，所以我可以选择去教英语。不过这仅仅是理论上的，我从来没有和任何一个老师验证过我的想法。因此我在这个方向上也走了很长一段弯路。

我进行了教育相关专业的学习，并通过了教师职业资格考试。我从22岁开始教书，但从未停止过绘画或者学习绘画。没过多久，在教学中的现实问题面前，我意识到自己根本不适合教书。我认为在国民教育的历史中都找不出比我带的那群学生更吵闹的孩子！我很不开心，因为我这样生活就是在欺骗自己。我患上了抑郁症，也许这就是天意，若不是因为抑郁症，我可能永远都不会离开教师这个岗位。我真的被气炸了，我去看了很有经验的心理医生，但他只会跟我说一些"这难道不是一个因果问题吗？现在，如果我们把原因去掉……"之类的话。这就是我停止英语教学的原因。

所以你放弃了谋生的职业来追寻艺术创作道路？

是的，我立马走上了我的创作之路。但这样的生活令我有点不安，因为我口袋里一分钱都没有。为了养活我自己，在一段不算长的时间里我做英语翻译来赚生活费，特别是为禾林出版社翻译言情小说。这家出版社一大部分的言情小说都是我翻译的，这样的生活很理想！我的日程安排非常清楚：早上做三到四个小时的翻译，剩下的时间花在我自己的艺术作品创作上。翻译的工作相当具有创造性，因为原文太长，所以我不得不做一些删减，其实这不仅仅是翻译，而且是对原作的改编。除了必须保留的情节外，内容的可读性和趣味性也很重要。我喜欢这项工作，对我来说，这是一个重新安排小说内容的机会。我给反面角色起了和我不喜欢的人一样的名字，有时我会把自己放在剧情里，当然是扮演英雄角色！另外，在我翻译的最后一本禾林的小说中，故事发生在埃及，有一位非常英俊又很睿智的考古学家，他的名字就叫保罗！

有趣的是，我们会意识到一切经历都是相互联系的，除了极少数的例外，我们所做的一切都会对接下来的人生旅程产生影响。

多年后，通过在翻译工作中的积累，我已经有了自己的写作风格。在我刚开始制作儿童读物的那段时间里，写作能力帮了我大忙。

你接受过怎样的艺术培训呢？

严格来说，我没有接受过任何艺术方面的培训。在我的小时候，我们一家人所有的假期都在荷兰度过，我们住在库勒-慕勒博物馆附近的一所房子里，这就是我接受艺术教育的地方，我喜欢这个地方。我在迷上印象派之后，很快认识了一些其他的现代画家，比如蒙德里安。我很早就开始对我父母都不太熟悉的艺术潮流产生了好奇心，对于这些艺术，他们不是不知道，而是不熟悉。

我也想过去艺术学校，但又很快打消了念头。因为比我大两岁的姐姐就在装饰艺术学院读书，那时我经常去看她，但学校里所展现出来的教学方式对我没有多大吸引力。当时是在1975年或1976年，这样的教学方式在1968年后仍然非常普遍。美术学院的这种氛围对我没有一点吸引力——那段时间我一定是对学习太有自己的一套看法了！

右图，《维尔豪特之家》，1972年，布面油画，33×41厘米。左图，维尔豪特的房屋，坐落于荷兰，照片拍摄于1974年。

你想过去学一些更加学院派的东西吗？
  我在学校过得很开心，但我发现很多时间和课程就这样被挥霍了，当时学校的教学模式对我来说有点过于松散，我宁愿自学。有时我也会后悔没有去读艺术学校，在艺术学校里有我想要了解的榜样。我可能会喜欢上那些稀奇古怪的材料，因为我可以用它们来进行很多的创作尝试，这样我就不会再被那些原本很简单的技术问题难住了。

  然而，我一直将艺术创作视为一种近乎神圣的、孤独的工作，很难与他人分享，所以我对学习学院派的东西很矛盾。

保罗在中间，右手边是他的姐姐弗朗索瓦丝，左手边是他的哥哥皮埃尔。保罗和他的哥哥姐姐，还有他们的祖父母坐在一起。

你是个艺术家，你姐姐也读过艺术院校。那么你所有的兄弟姐妹都活跃在艺术领域吗？

我姐姐是一位艺术家，她是雕塑专业的教授，对待教学工作非常认真。我哥哥很早就选择了另一条路，他是一位天体物理学家，非常多才多艺，钢琴弹得好，也很喜欢画画。

你的父母不担心看到他们的孩子都进入艺术领域吗？

他们可能对此感到担忧，但他们从未说过。如果他们有顾虑，那么这种顾虑一定是转化为一种冷漠的态度。就我而言，他们从未在这个方向或任何其他方向上鼓励过我。这样的方式真的令我很不安，因为我在独自做决定时很孤独，但再回想起时，我想也许这是一种让我们真正自由的方式。我的父母可能不知道如何给我们建议，他们意识到我和姐姐对艺术都有自己的见解。听起来可能很奇怪，但我的父母确实从来没有真正鼓励过我选择这条路，当然，因为对他们来说，我走上艺术道路是必然的。他们把标准定得很高，以至于他们对我们没有过多的夸奖，甚至可以说是根本没有！这种明显冷漠的态度可能源于我的父亲和叔叔对他们儿时接受的教育的不满。从很小的时候起，他们就被鼓励去学习艺术。我的祖父是一个商人，家里的经济状况时好时坏，而这取决于他生意经营的好坏。在生活富裕的时候，他会满足孩子们想要的一切，比如给他们最豪华的钢琴。他会把一切都安排好，满足他们的每一个愿望。从某些方面来说，这样对孩子们很好，但对我的叔叔来说，这样的愿望很糟糕，甚至可以说是疯狂。

正是因为如此，我一直有机会体会自由的感觉。这种自由的感觉一直持续到了今天，没有受到任何影响。我不仅仅感恩自己能拥有这份充沛的自由感，而且在某种程度上，我也在不断培养这种感觉。

能够选择在学校读书以外的学习方式也是一种极大的自由。这是一个看似容易的选择，但实际上相当需要勇气。这个选择是否让你能够以自己希望的方式去了解艺术？

在我十二三岁的时候，一件对我来说非常重要的事情发生了。我当时在读四年级，我的法语老师建议我们在这一学年以论文的方式写一份材料，写我们内心真正关心的事。从那时开始，我发现我父母不喜欢那些艺术家和艺术潮流，特别是我最喜欢的眼镜蛇艺术群。我对他们的作品十分痴迷，以至于我决定将眼镜蛇艺术群作为我的论文主题，而且这个团体中大部分的艺术家都还健在，当时我就决定去采访他们。我怎么想就怎么做了，当然我并没有去眼镜蛇艺术群成员所在的所有国家，而是只去了荷兰和巴黎。我特地联系了卡雷尔·阿佩尔和皮埃尔·阿列钦斯基。我与阿列钦斯基的见面非常重要，而这多亏了我的叔叔扬，当时他们相互认识，所以我去布吉瓦尔见他十分容易。就这样，我十几岁的时候到了那里，见到了这位传说中的艺术家。在他的工作室里，我们互相交流了一番，最打动我的，是他令人印象深刻的作品和他的慷慨。除此之外，他还把我介绍给了丁雄泉。

第一次国际实验艺术展览期间的眼镜蛇艺术群，阿姆斯特丹，1948年。

去见这些艺术家时，你事先准备了问题吗？还是有什么特定的计划？

我当时的计划就是希望这些艺术家中的每一位，除了接受采访之外，还要为我画一幅画。画的主题我记不清了，但与一个鸟的故事有关。阿列钦斯基好心建议我不要要求他们作画，并向我解释他们没有足够的时间。这是我一直牢记的建议，小时候我们无法理解，但随着年龄的增长，我们就会意识到时间是多么宝贵！就我而言，无法回应别人请求的情况几乎很少，但在我收到过多请求而时间太少时，也会因为没有回应而伤害到别人，尽管我是出于善意的。

13岁的孩子做这样的事似乎很疯狂，也很大胆。那你有没有觉得很为难的时候？

我其实非常害羞，直到今日，当我回想起自己的所作所为还是印象深刻。我不认为现在我就可以轻松地做到！不过，由于家庭环境的影响，我并不觉得艺术家是一种平时生活中罕见的职业，相反，我认为这是一种普通和正常的职业！但另一方面，我还是不能以平常心态对待他们。记得在我年龄更大一点的时候，我想让阿列钦斯基为我第一次的展览写一篇短文。为了打电话给他，我费了很大的力气，而且不得不提前喝了点威士忌，因为我真的太紧张了！

皮埃尔 · 阿列钦斯基对你来说非常重要，是吗？

是的，他时常会给我一些非常简单但又十分关键的建议。例如，他告诉了我作品中最重要的事情之一。我记得我看过一张贝加斯塔夫兄弟的海报，或者是那个时代其他的海报，海报的黄色背景上有一只白兔，就是那时，他告诉了我留白的重要性。注重背景颜色的选择是一个特别重要的意见，我始终牢记在心。

阿列钦斯基帮了我很多。除了绘画方面，他在物质上也给我提供了很多帮助。他给了我很多绘画工具、成吨的丙烯颜料，还教我如何装裱……我想他从来没有意识到这对我有多重要。虽然即使没有他，我也会走这条路，但不会是以现在这种方式。

皮埃尔·阿列钦斯基，《中央公园》，1965年，带有边距备注的丙烯画，162×193厘米。

与皮埃尔·阿列钦斯基在拉博斯,1977年。

你之前说过，多亏了你作为画家的叔叔，你才认识了皮埃尔·阿列钦斯基。那么，叔叔对你的作品有影响吗？

我的叔叔在当时是一位相当知名的画家，他的全名是扬·考克斯。我那时不太理解他的作品，而且我也不是很喜欢。但后来我又重新审视了自己的观点，觉得他的作品令人印象深刻又有想象力。他创作的学院派绘画大部分受到圣经或神话相关主题的启发。我不常见到我的叔叔，但他说过的一些话让我记忆犹新，特别是他能做到言行一致，如果他无话可说，那他就不画画。实际上，他有时会来和我父母一起住上好几周，那时我会在一旁观察他，他什么都不做，真的什么都不做！他是一个很博学的人，当他有一个想法时，例如，与神话相关的想法，他就会把它画出来。他总让我感到惊讶的是，他画画从来不只是为了欣赏，更多的是纯粹因为高兴或为了改进一种绘画方式。我承认我从来不明白这一点。对我来说，我每天都在画画，但没有一个特定的目标，通常想法会随着绘画诞生出来。我有时无话可说，就像约翰·凯奇说的一样："我没什么可说的，但我说出来了。"

另一方面，我叔叔特别吸引我的地方是，他与所有的艺术运动都保持距离，这一点在很大程度上影响了我，而且是积极的影响。他拒绝参加任何一种运动，这也使他一生中在许多领域都创造出了非常具有个人风格，同时又充满想象力的作品。可以说，我叔叔小时候就是一个神童。他大部分时间生活在美国，并从很小的时候起就在柯特·瓦伦丁画廊工作，这个画廊展出有贝克曼、考尔德、亨利·摩尔等著名艺术家的作品。他还当过波士顿艺术学院绘画系的领导。

上图，扬·考克斯肖像，于安特卫普，1978年。下图，扬·考克斯，《血雨》，于安特卫普，1975年，布面丙烯画，130×180厘米。私人收藏。

1992年，用日本纸制作的亚麻油毡版画和镂花模板，19×32厘米。

看来，叔叔的这种独立性影响了你。那么，他这样的观念对你的作品有什么重要意义吗？

杜布菲有一句名言："那些画家就是他们自己作品的活广告。"我们在插画界经常会看到这样的情况，例如，创作任务的性质和时间限制会迫使艺术家去重复自己的作品。我很理解这样做的艺术家，因为我也曾为媒体做过很多插画。那个时候，我正在为 *Libération*（《解放报》）和 *Le Monde*（《世界报》）这两家媒体制作小型的麻胶版画，这段时间我做了成百上千块麻胶版画，但过了没多久我就失去兴趣了，因为我的作品正朝着另一个完全不一样的方向发展，偏离了我的创作本意。我记得有一天天气很好，这天我没有再继续制作麻胶版画，而是突然更新了我的"产品"，我创造出了完全不一样的东西——模板上画着的具有暗示意义的色块。我在 *Animaux*（《动物》）这本书中使用了这样的创作方式，但这本书出版后，出版社再也没有来找我约稿！然而这样的结果也很好，我有一段时间就是感觉自己在兜圈子，不知道如何摆脱这一切。

这是我经常和学生讨论的话题。我建议他们找到改变自己创作方式的方法。创作《动物》这本书对我来说似乎就是一个很好的契机，即使不太容易，但这是在创作任务之外可以进行尝试的东西。

我很幸运，在大部分情况下，我都能遇到可以把任务全权委托给我的赞助商或出版商，因为这让我可以全方位地进行尝试并以某种形式保持独立。

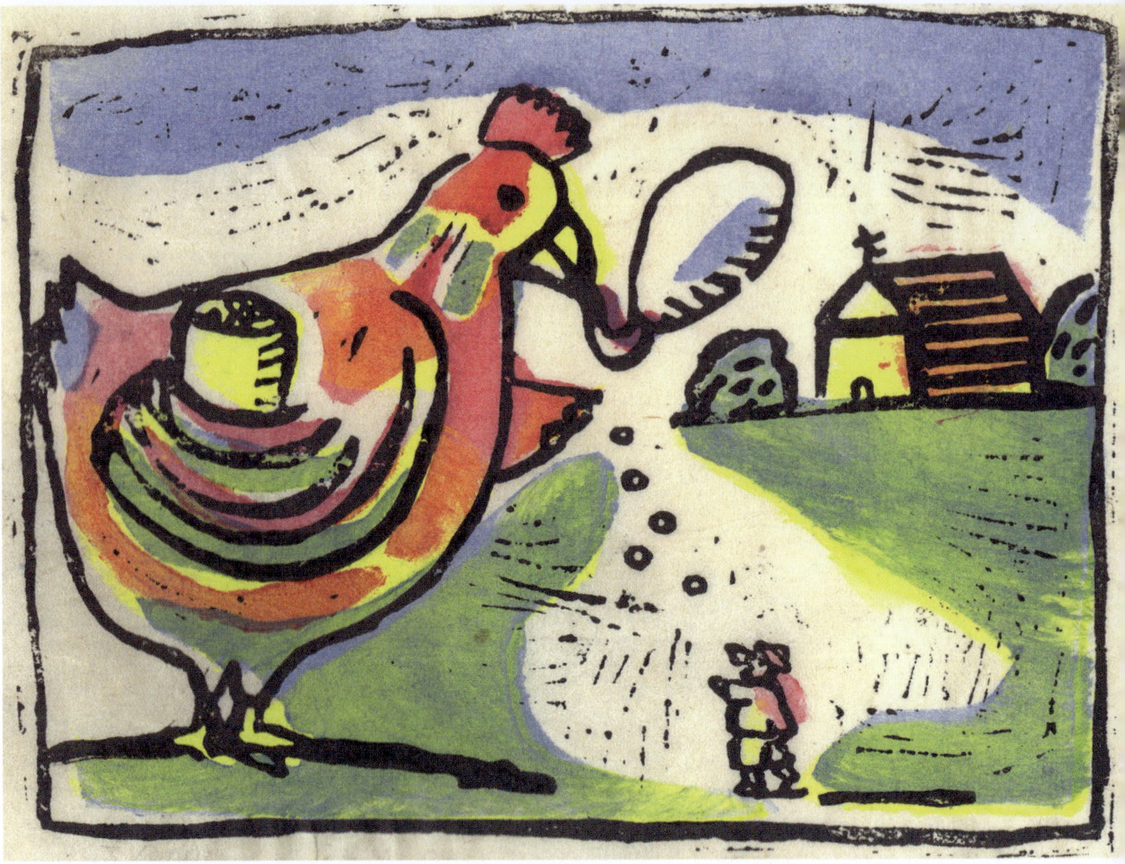

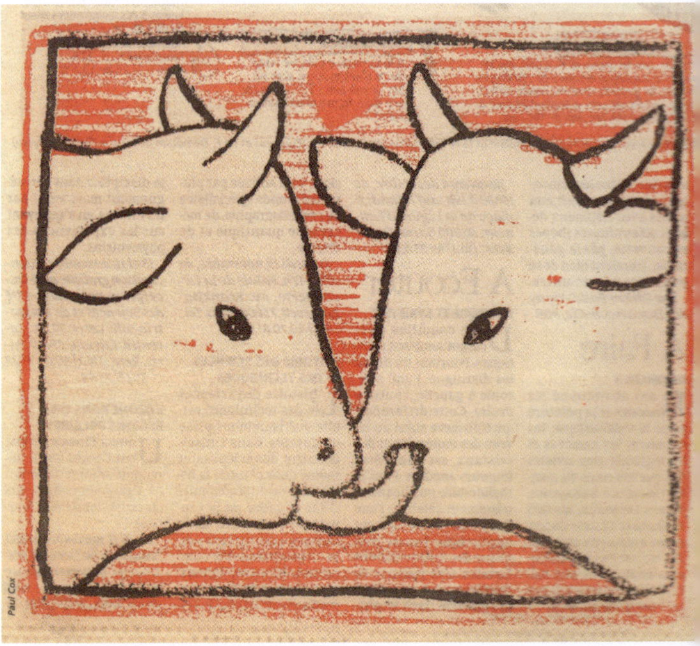
Paul Cox

这两页的作品诞生于20世纪90年代，用日本纸制作的亚麻油毡版画和镂花模板。

在不同的采访中，你经常引用一些画家或作家说过的话。你的职业道路似乎受到来自各方面的影响，这些影响对你来说非常重要，是吗？

我在很久以前做过一张名单，这张名单记录了对我有影响的一些人，因为从那时起，我意识到把他们记录下来很重要。当然随着时间的推移，这张名单也会发生变化。20年前记录过的一些名字，现在我不一定会觉得重要。我有一个非常大的书柜，里面放着我做的艺术家名录，这些艺术家都给我带来过很大的影响。我总是会找到方式去系统性地购买与我感兴趣的艺术家相关的书籍。对我来说，拥有丰富并且可自由查阅的藏书是非常重要的！我当时花了500法郎（法郎现已不流通。500法郎约为75欧元，根据2023年11月汇率，约为582元人民币）买了我的第一本"精装书"，对当时的我来说，这是一笔数目不小的钱。这本书是劳森伯格的专著，封面包裹着漂亮的银色纸张，我记得买下它时我有一种刺激的感觉，仿佛这是一种纯粹的奢侈！

这种书籍的收藏方式一直以来对我研究喜爱的艺术家的作品和绘画技法都很有帮助，也让我能够定位自己，定义我的"画派"。找到绘画的方向对我来说似乎至关重要，我经常建议学生们不要忌讳去接受其他的艺术家带来的影响，因为接受影响反而会令人振奋。害怕说出我们的艺术前辈是谁，其实是不敢认同自己。在我看来，无法创作出具有个人风格的作品恰恰是因为不想用他人的流派来定义自己，故而保持着非常模糊的风格。画派分类是必然存在的，无论我们身在何处，除非我们是"野孩子"！

难道你不认为你作品中丰富的内涵是来自对艺术的好奇心和大量的艺术溯源吗？

我们必须避免狭隘，无论是哪方面的狭隘，这一点在创作中，在我们对其他作品好奇时，还有在理解作品的方法中都是至关重要的。

我读过玛丽恩·米尔纳的一本非常优秀的作品——*Une vie à soi*（《个人自己的生活》），她在书中试图分析自己的思维方式。作为一个业余爱好者，她以绘画为乐，并用绘画练习作为观察自己思考过程的方式。她说，这样做是因为在画画时，她感觉自己就像一只拥有巨大触角的昆虫，非常神奇。她不再仅仅用眼睛去看风景，还像有触角一样去探寻很远的地方，非常

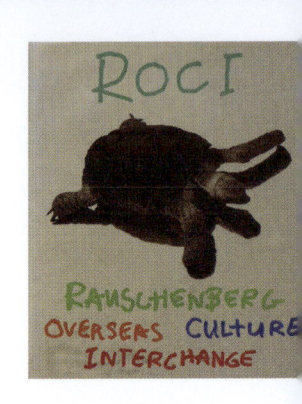

远的地方。因此,她对不同的风景有着非常强的包容性。我发现看向更远的风景这个想法很有美感。当我画画时,这个想法可以让我完全忘记自己,并尽可能充分地感受周围的环境,这通常是创作出一幅好画的最佳保证。

在自学过程中,你记得有什么对你有重要影响的读物吗?

我的大部分艺术教育都是通过阅读艺术出版社的书籍完成的。在我年轻的时候,搜集当代艺术的相关材料是相当困难的。我非常认真,总是去看展览。我记得那时我有一个日程本,记录了各个展览的开展日期,通常是每周的星期四。我那时着迷于当代艺术,会尽可能去看更多的展览。然而,找到当代艺术的相关书籍并不容易。最容易找到的相关读物是杂志,所以我读了几乎所有我能找到的艺术杂志。这个过程非常孤独,但我也学到了很多东西。

是这些读物让你确定了自己的"艺术取向"吗?

我到了一定的年纪,已经可以客观看待我的艺术风格,并且也有能力去改进、发展它,但我意识到艺术中的流派观念,这种流派的归属对我来说非常重要。起初我像有暴食症一般,想品尝尽可能多的东西;但近年来,我更清楚地知道我所属的派系。一切事物都与时间有关:随着岁月的流逝,时间越来越少,这就会成为你焦虑的根源。它迫使你做出选择,去排除那些在拥有永恒时间的前提下才会去热情探索的事情。我一直对那些似乎已经摸索了很长时间的艺术家着迷,蒙德里安就是其中之一。他探索了很多路径,在某些时候他似乎已经找到了合适的道路,然后一直前进,直到他不想在这条道路上继续探索。另外让我印象深刻的两位艺术家是高尔基和贾科梅蒂,他们似乎已经在辛勤的工作之前摸索了很长时间。在我看来,想要将自己的工作简化为这种"独一无二的耕耘",除了意识到我们有限的生命之外,还不能避免一种疲劳。我说的是一种理智的疲劳,一种推动工作朝着正确方向前进的疲劳。

马蒂斯在他的著作中谈到"累人的绘画"，在他每天两小时的绘画课程中，他达到了这种类似于疲劳的状态，他明白这是一种近乎神圣的状态，就像舞者不停地舞蹈。可我还没有达到这个状态——"独一无二的耕耘"，也许我永远也达不到！

然而，在实践过的这么多艺术形式中，我意识到我经常重复其中的一些，因此，我认为这些形式是适合我的。这既不是出于理性分析，也不是仅凭一厢情愿。我在多个领域的实践源于我的好奇心，我对能带来全新体验的项目都充满好奇。因此我发现了以前从未接触过的艺术领域，例如近年来我花了很多时间去做场景设计，这对我来说就是一个全新的领域！

所以，刚开始的时候你是对舞台布景一无所知的。那么，你进入这个领域的契机是什么？

这是一个美好的故事，我可以说上几个小时。正如大家知道的那样，我在"实践"中学习并了解了三个领域：儿童书籍制作、平面设计和舞台布景设计，也可以加上绘画。我能够进入儿童书籍制作和舞台布景设计这两个领域，要归功于让·马里·布兰查德，他对我的职业生涯有着深刻的影响。当我开始制作儿童读物时，他是我的第一位编辑，我通过一个我俩共同的朋友认识了他。让·马里是一位非常博学的音乐爱好者，那时他是沙特莱剧院的管理员，还在名为"出版物"的小型出版社出版过音乐相关的书籍。他喜欢我的第一本书——*Les Aventures d'Archibald*（《阿奇博尔德历险记》），之后，我和他合作编辑过两本书。后来，他从沙特莱剧院转到巴士底歌剧院工作，然后又转到南希歌剧院的管理部门。我经常和他谈起我特别想做海报设计和舞台布景设计，因为，海报画家和装饰画家的案例比平面设计师和场景设计师的案例更能激发我的创作欲望。当让·马里在南希歌剧院时，他请我为剧院做海报。我告诉他自己在这方面的经验很少，但他让我必须试一试。我就这样做了六七年，每年都要面临开发不同视觉词汇的挑战。后来，让·马里又让我为斯特拉文斯基的歌剧《士兵的故事》做布景。就这样，他让我在这个领域迈出了第一步。当他离开南希歌剧院去管理日内瓦歌剧院时，他把我介绍给了编舞师本杰明·米勒皮德。那时，他们正准备一起策划

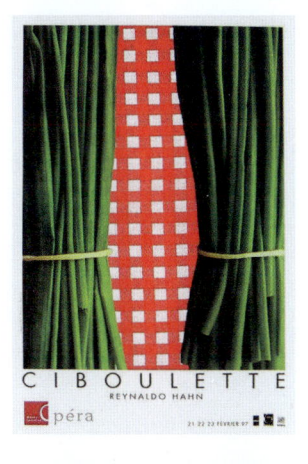

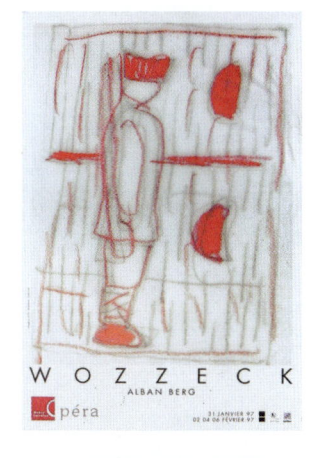

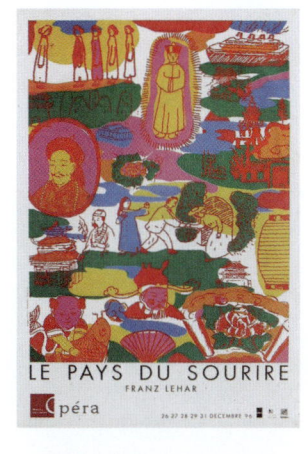

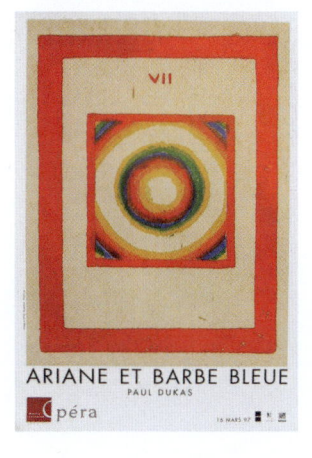

南希和洛林歌剧院副院海报，1996—1997 演出季。

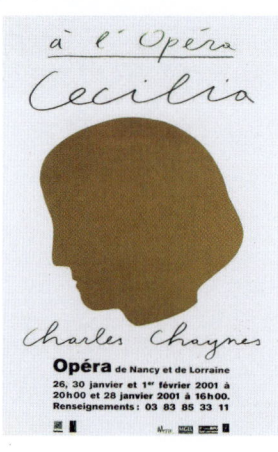

南希和洛林歌剧院海报，2000—2001 演出季，与菲利克斯·穆勒合作为吕迪·鲍尔工作室设计。

Orchestre

Saison 2000 - 2001

Orchestre Symphonique et Lyrique de Nancy
03 83 85 30 60

ville de Nancy

芭蕾舞剧《胡桃夹子》，他们提出要我来做表演服装和舞台装饰。这很有意思，因为这是本杰明·米勒皮德第一部重要的芭蕾舞剧。这便是我和本杰明一起进行舞台布景设计冒险的开始，从那以后，我和他成了非常要好的朋友，并在一起做了很多工作。

在布景的实现过程中，你如何理解从草图到舞台布景的这种转变，以及你是如何推进这部分工作的？

我总是对从模型还原出的舞台布景感到惊讶。在模型和实际布景之间总会有一些差异，例如，在布景中十分重要的结构，从来没有在一开始被正确地还原出来过，必须在后期依靠画师、建筑工人、制造商等团队来实现。我们一直在与各种不同的团队合作，来寻找合适的材料和工具。我曾为在日内瓦演出的芭蕾舞剧《仙女们》做过舞台布景。这是舞蹈史上第一部无情节芭蕾舞作品，表演内容就是一位诗人在一片林中空地上行走，代表着缪斯女神的9位芭蕾舞演员一直围绕着他。在设计舞台布景时，我保留了原始的人物形象和林中空地。巴克斯特（他为这部作品第一次的表演制作了舞台布景）曾展现过一个非常经典并且颜色丰富的丛林空地，但我出人意料地做了一个黑白版本。在这个设计项目中，我按照我自己的喜好去使用一些传统的工具，

保罗·考克斯为《仙女们》舞台布景作画。

以自己的方式去做舞台及边幕的设计。

    我想提一个关于装饰画绘画技术的小插曲。我曾看过巴兰钦表演的一个芭蕾舞片段，舞台上有鲁奥制作的装饰画，是一个巨大的舞台背景。我们起初猜测这个背景是用一幅小型水粉画放大一百倍做成的，而实际上这样操作后并没有达到想象的效果。即便构图依旧很美，但整体效果还是有些吓人，因为原画中细致的笔触在放大后呈现得过于夸张了。我为《仙女们》设计的舞台装饰的设计草图是相当粗糙的影线画，我用电脑绘图制作低清晰度的草图，是希望画师不要分毫不差地复制我的绘图。为了达到理想的效果，我与画师一起探讨要选择怎样的工具作画，才能一笔绘制出一条阴影线。我们选了足够宽的笔刷，并找到合适黏度的颜料，以便能够一笔画出一个粗线条。我自己画了1/4的装饰画，并以此作为画师的模版。我希望能从绘图的痕迹中看出使用的绘画工具。芭蕾舞剧首映当晚，我经历了人生中最感动的瞬间之一：幕布升起，我设计的舞台布景缓缓展现在观众眼前，随后满堂掌声响起。

芭蕾舞剧《仙女们》的布景和服装（编舞本杰明·米勒皮德，配乐肖邦），日内瓦大剧院，2011年。

那么你是如何用技术去制作这些舞台布景的呢？

我在没有用电脑的情况下制作了我的第一个布景模型——我用木头和纸板搭建了一个相当复杂的模型。之后我就学会了用三维建模软件Sketchup。软件中呈现的场景是3D的，但其中的一种空间模糊性让我很感兴趣——即使模型看起来是有深度的，可呈现的布景还是一个只能从某个角度看到的图像，至少在意大利式剧院中是这样。因此，对我来说，电脑图像是介于2D图像和3D模型之间的。

我通常先用软件Sketchup制作出舞台包厢和大厅的模型，然后以这个模型为基础来绘制第一版布景草图，之后再制作纸板模型来完善初稿。但在进行所有的设计之前，我必须先考虑我要做什么以及我想达到什么样的效果！

舞台布景中非常有趣的是，我们要制作出一件作品，这和画插画很相似。就我而言，我总是有点害怕在创作的过程中被过度干涉或影响。

但只要我不从一开始就去想呈现出的结果，或是去想在某个特定时刻舞台上要呈现出的效果，而是全身心投入创作中，最终反而能达成我的期望。例如，我真心希望在蓬皮杜艺术中心展出的，由大大小小的积木方块组成的装置——《胡桃夹子》可以延长展期。在设计阶段我就很希望最终这个展览能以积木装置的方式呈现。所以从画草图开始，我就不再去操心作品最终呈现出的效果。一旦完成了这个反思，创作就像小孩子玩游戏一样简单，只要确认我的直觉与感兴趣的主题相吻合（众所周知，《胡桃夹子》的故事发生在圣诞节），积木方块非常好地展示出了圣诞礼物堆积的效果。

我对在经典的舞台布景中使用的欧洲古典透视布景特别感兴趣。这是我在搜集相关舞台装饰资料时开始思考的一个方法。我发现17、18世纪的山水画与舞台装饰深深影响着彼此。当看现存的旧布景的草图时，我们经常会看到暗平面和亮平面的交替：前面有一块儿阴影，非常黑暗，然后是一片非常明亮的空地，接着是一片黑暗的小树林，随后是一条波光粼粼的河流，等等。这种一系列的明暗对比构成了舞台装饰（也构成了画作，因为这也是绘画中经常使用的一种方式），并一步一步将观众的视线吸引到远处。与绘画一样，古典舞台装饰中的另一个重要原则是"形式的重复"，即完全复制或是按比例放大、缩小，平面旋转或镜像复制。重复也用于作曲，并可以赋予乐曲节奏，这种创作方式与许多作曲方式也很像。画作中树和云的形状可以按照画家的意愿随意改变，显然这样的创作为不同的表现形式提供了多种选择。尼古拉斯·普桑就有很多这样的作品。

继续说创作，我发现观察我们周围那些从未被注意过的景观很有趣。物品、人物的特性中，总是有一部分会为其他的特性所掩盖。然而，我们通常可以毫无阻碍地发现那些被隐藏的部分。有确凿的证据表明：物体在我们看不见的地方依然存在。一些画家对处理透视颇有技巧，在这些画家中我想到了委罗内塞，他在一个男子手臂与身体形成的空隙中画出了完整的微缩景观。但如果是我来完成这样的画作，我更喜欢用拼贴的方式，这可以让我以更直观且简易的方式叠加图层，让我发现原本更难以想象的事物。

这种画面层次的概念经常出现在你的速写以及其他的创作中。那么是否可以说，在你所有的创作项目中，速写都占有十分重要的位置？

对我来说速写是创作的核心，我试着每天做速写练习。

"风景"，2018年在奥龙城堡举办的展览。

最初，我是出于练习的必要才开始速写的，因为我觉得自己不知道如何画好画，所以必须通过练习来学会画出一个空间、一个身体或一片风景。我已经这样画了很长时间，我相信通过长时间的练习，我对绘画技法的掌握有了很大提升。这样的练习是一种乐趣，在进行速写练习的时候，我会忘我地沉浸其中。

这是一张没有任何目的习作，没有任何盈利目的，也没有任何项目关系。我画了成千上万张像这样的画，这些画我几乎都没有展出过，因为它们是习作。

我最近在奥龙城堡举办了一个绘画大合集的展览（有500多张作品），我按时间顺序把它们紧凑地挂在一起，以便观展者对创作过程和创作方式有更多的感知，而不是仅仅去看一幅幅孤立的作品。

正是在素描和油彩的日常练习中，我发现了绘画的美感从何而来——来源于新的形状组合、新的颜色以及新的文字的融合。在我创作的所有形式里，我认为二维平面所能表现出的元素是最丰富和最绚丽的。

《两个女人的风景》，尼古拉斯·普桑，约1659年，尚蒂伊孔代美术博物馆。

20.9.13 7

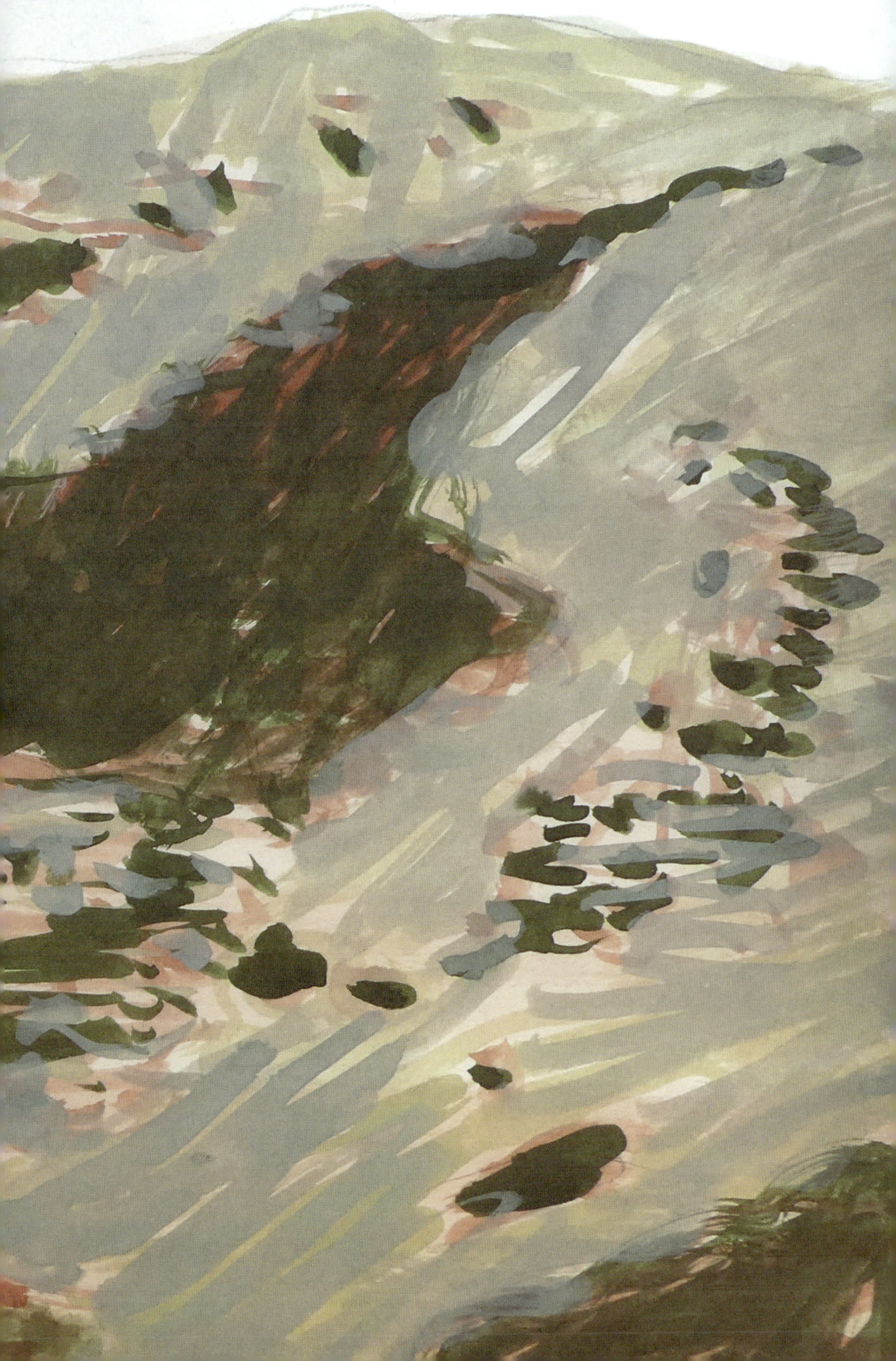

你对编码和规则的兴趣从何而来？从你练习绘画的方式以及所有的创作中都能感受到你的这种兴趣。

我想这种对编码的兴趣在我小时候就产生了（哪个孩子对暗语不感兴趣？），它来自我从小一直渴望成为语言学家的愿望。在我还小的时候，我和家人每天散步时都会路过一个简朴的小教堂，教堂的门口有一个陈列架，上面放着各种语言的传教宣传单，我把它们都收集了起来。当时的我难以置信这个世上有这么多种语言。而在这些语言中，我特别喜欢芬兰语。当看到芬兰语的字母时，我就为它的美所吸引。正是这种热情与其他因素的综合影响（尤其是受一位晚年开始学习阿拉米语的阿姨的影响），我开始认真考虑学习语言学。我喜欢语言和编码的另一个原因可能是法语不是我的第一语言，所以当我说话时，我总觉得自己在说外语而不是母语。荷兰语对我来说也是如此。

这些框架、规范或规则难道不是你开始进行创作的限制因素吗？

是的，不过"限制"这个词对我来说似乎有点过头，因为我觉得你所说的"限制"是创作的基础，是开始一个项目、产生一种规范的必要条件，没有所谓的"限制"是无法开始创作的。在这里用"技法"这个词可能更适合，"技法"可以被理解为一种规范或语言，用来组织创作形式或思路，创作形式或思路不是凭空出现的。

在我看来，无论哪种限制总是有积极的影响的。有限制似乎是消极的，因为它限制了可能性，但也正是这种限制促进了创造。

例如，当我在给自己的作品 *Histoire de l' art*（《艺术史》）上色时，我规定自己只能单独使用或以不同的组合方式混合使用五种色调：蓝、红、黄、绿和黑。这样的限制使我的创作更轻松，因为没有过多的选择，所以有了用色范围，也保证了和谐的视觉效果。对我来说，限制是一种有界限的想法，这能够使我确定创作从何下手，而不至于让自己面对无尽的选择。例如，当我画画时，我喜欢用一个取景器来选择一部分风景，或是在巨大的空间中选择一个场景。

这就是关于框架和规则的全部问题。对我来说，规则的存在是为了提供动力，这就像一个跳板，我们可以一个接着一个跳下去，如果能从跳板上弹起去更远的地方，那就更好了。但是我希望这种被限制的感觉不会呈现在最终的结果里，这就与我在乌力波（一个热衷于创造写作规则的实验性文学研究组织）经常观察到的情况不一样。

所有这些有条理的过程都遵从一个相同的原则，那就是把有利条件集中在一起，以便轻松地做某事。布朗库西说过，做美好的事情并没有那么复杂，复杂的是让自己沉浸于促成这些事情的条件中。通过创作，一个人可以瞬间进入这种心流状态，与舞者、音乐家在沉浸中的状态类似——在这种状态下，人们会有一种一切皆有可能的感觉。不幸的是，这些特有的时刻不能无限期地持续下去，即便只是因为你必须睡觉。所有的困难都来自我们需要在创作的道路上停下来。

在所有充满迷惑信息的时刻，我们会陷入一种无所不能的假象。

我非常乐意接受约束，尤其是在被委托作品、平面设计或场景设计的工作时，而且在这种情况下，我会对自己的绘画作品加上一些创作条件。

在设计剧院海报时，我会根据演出季设置不同的创作约束，这样可以保证每一场剧目不同的视觉特色。每一年我都可以改变创作的限制条件，但我总会保留一些不变。

你设计的所有海报都有重复出现的物体和图形，是否可以建立一个保罗·考克斯专属的图像集？

不同演出季的海报设计会有很大的区别。在为里尔北方剧院构思的2016—2017演出季的海报中，我第一次设计了与演出主题无关的图像。我希望画面没有任何意义，不像从往年的设计中，人们可以理解海报与演出之间的关系。

我创作了一组抽象的图形，任意分配给不同的剧目。不过这种任意只是相对的，因为我为严肃的剧目谨慎选择了相当深的颜色，例如《理查三世》。另外基于某种难以解释的原因，某些剧目在我看来似乎需要用柔和的图形表达，而另一些需要尖锐的图形。

有趣的是，就是这一季的海报让我第一次受到了一些导演的称赞，他们在这些随机使用的表达形式中看到了对他们作品的完美诠释！

在这前一年，我特别想设计一些非常朴实又具体的图像，能直观表现剧目主题。我根据演出季的变化做了不同的设计，但总有一些元素是我无法避免使用的，比如桥、路标还有梯子，它们会让人联想到孩子的世界。这些元素或许就可以称为图像集。

当我为Coxcodex 1（《考克斯守则1》）整理收集图画时，我就想知道这本书会是什么样子。我担心它混合了很多东西或是成了一个吓人的大杂烩。实际上，当我将所有页面都呈现出来时，我自己都完全没有意识到某些图像在我的作品中重复出现，特别是一直重复出现的螺旋线。我的作品中大多是非常具象的形状、曲线，但其中很少有线条互相垂直的形状。我最近找到了自己幼儿园时期的速写本，很惊讶地发现从那时起这些图像就已经出现了。特别是有一张位于速写本后几页的画，画面上有着条纹和其他不同的元素。这样的绘画方式和我今天的相差不是很远，我觉得这样的方式非常好！

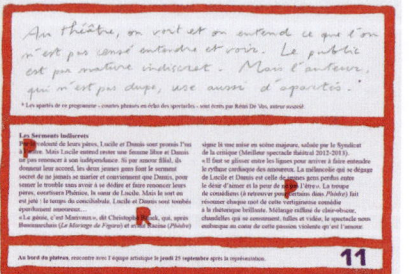

里尔北方剧院的节目单，2014—2015演出季。

上图，速写本内页（幼儿园时期），1962年。
下图，里尔北方剧院的海报，2016—2017演出季。

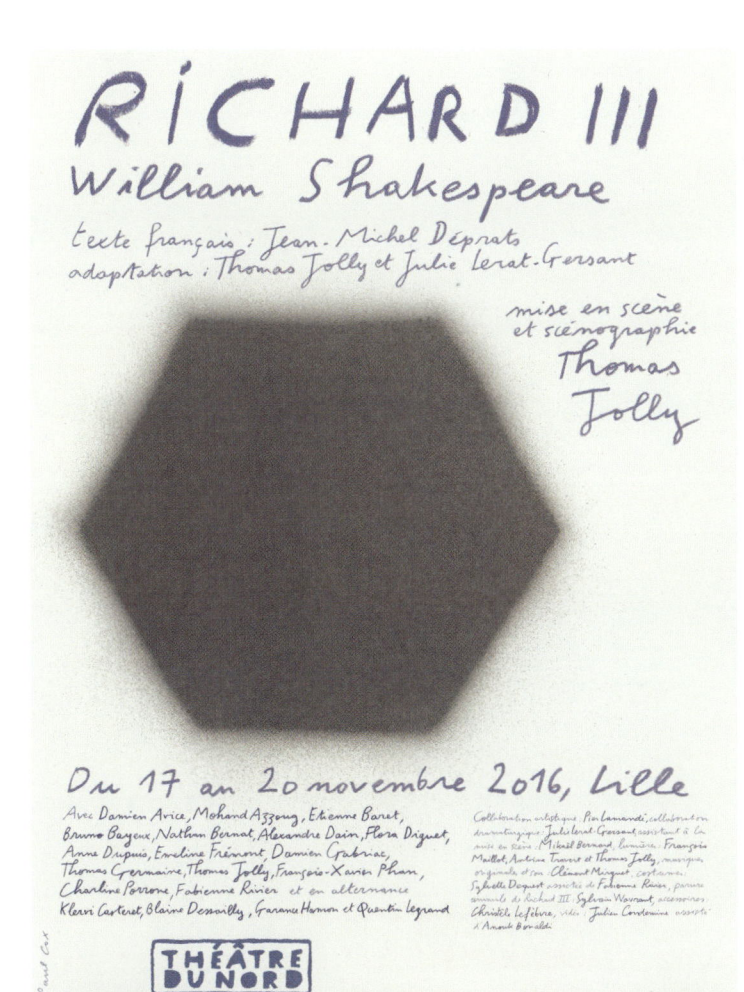

Ben oui mais enfin bon

création — **Théâtre du Nord**

De Rémi De Vos — Mise en scène : Christophe Rauck

Scénographie : Aurélie Thomas, lumière : Rémi Raes, Son : Christophe Delforce, costumes : Sophie Galamez

Avec :
Claire Catherine,
Caroline Fouilhoux,
Adrien Rouyard,
Etienne Toqué

Du 13 au 16 décembre 2018
et du 11 au 20 janvier 2019
Théâtre du Nord, Lille
Et sur le territoire en novembre et janvier

spectacle en balade

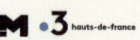

LILLE — THÉÂTRE DU NORD
TOURCOING — ÉCOLE DU NORD
CDN lille tourcoing
hauts-de-france
direction christophe rauck

Télérama · LM · 3 hauts-de-france · arte
Culture · Région Hauts-de-France · lille · Tourcoing

里尔北方剧院的海报，2018—2019演出季。

左图，里尔北方剧院的海报，2016—2017演出季。
右图，里尔北方剧院的海报，2014—2015演出季。

4

把这些对你来说特有的元素用在不同的作品中，是否有特殊的意义？

用半圆形代表的桥梁对我来说是一种有趣的造型形式，我发现使用这些对我来说十分有意义的简单符号总是奏效的。例如，我为让·热内的戏剧《辉煌酒店》制作了海报，我为那个演出季的每一场演出都找了一个能有效表现戏剧核心的简单元素。我选择了一个扇状弧形，可以将这个形状解读为一把异装男人使用的扇子，也可以将它解读为一座桥梁。在我看来它是一个开放的符号，同时也很有趣。

此外，我认为对戏剧海报来说，是否紧扣戏剧的主题并不重要，因为它只是为了抓住观众的眼球，海报也不会因为没有与剧目相关的标志而被评判。事后看来，离开剧院的人也不会对海报中任何的非相关性元素感到气愤。相反，图像越是具有暗示性，就越能让观众自我投射。

在北方剧院2017—2018的演出季海报设计中，我们决定只使用文字——这是我第一次做这样的尝试。然而，我并没有因此舍弃自己的特色——我依旧采用色块或条纹作为文字的背景。因此，我的构图在很大程度上取决于文本的性质。我在其中融入了已经考虑过很长时间的理想构图，并且我一直想将其用于呈现大型景观。被拉长的轨道和水平轨道以及它们之间错落的垂点组合成了画面，这是我对我所喜爱的莫奈的睡莲的另一种呈现。

当我遇到管理北方剧院的克里斯托弗·劳克时，他给我提出了一个非常明确的要求。他给我看了一张考尔德设计的海报，海报上有白色的背景、太阳和手写字迹。他用足够有力的语言说明了他的要求，特别是，他希望海报具有"手工且粗糙"的感觉。他也不想使用剧目中的照片，这很罕见而且大胆，非常适合我。

对于赞助商来说，这确实是一个非常大胆的赌注。你是否曾与其他和劳克一样遵循直觉的人一起工作过？

事实上，我认识另一个有这种风格的人就是雅克·宾斯托克，他在塞伊出版社编辑出版了我的《动物》一书。我认为这是个大胆的决定，因为这本书有点奇特，封面上没有作者或出版商的名字，也没有对内容做任何解释。动物元素与我绘画作品中的一个特殊时期相对应：那时我十分崇拜让·阿尔普和埃托雷·斯帕莱蒂，我也尝试用切割好并打磨、上光的大块木板来制作抽象画。我喜欢自己的作品，但当我把它挂在墙上时，我觉得很无聊，我不知道该怎么处理它，我感觉被困住了。为了摆脱这种僵局，我给自己制定了一个游戏规则，看看这样做能把我引向什么地方。我选择了26个形状，为每个形状任意分配了一个字母，每个形状与字母之间没有任何相似之处。但是，我会用自己喜欢的形状去对应最常见的字母。所以，字母A对应的便是我最喜欢的形状之一（仅仅是一个螺旋状）。然后我用这些形状来组合单词。"猫"是一种形状组合形式，而"马"又是一种新的组合。每个单词都是一个作品。这条非常基本的规则让我摆脱了僵局，并找到了自己永远不会想到的组合。之后，我想通过制作一本儿童读物来分享这一创作经验。

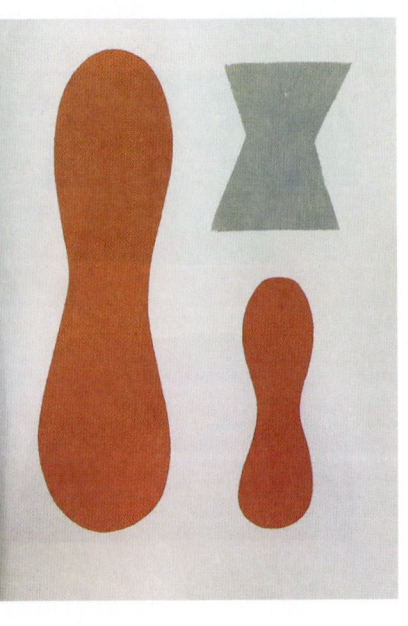

ANIMAUX

上下图，《动物》一书页面，塞伊出版社出版，1997年。右图，勃艮第第戎剧院2009—2010 和 2010—2011演出季海报。

在你的作品中，我们经常发现一条布满谜团的道路，它就像通往答案的道路。地图是您工作的重要标志之一吗？

第戎剧院的导演弗朗索瓦·查托想要我的海报反映一个事实：一个演出季不是由一系列的作品构成，而是所有剧目就是一个故事，所以我有了制作地图的想法。地图上会有一条道路，从一个剧目到另一个剧目。我对绘制地图感兴趣的原因有两个。第一个是来自我对皮埃尔·阿列钦斯基的钦佩。他绘制了很多地图（或是在地图上绘画），比如《中央公园》这幅画，灵感就来自这个公园的地图。这个作品在我脑海里停留了很长时间！第二个原因更天真：当我开始认真画画的时候，我想画整个世界，我想成为一个百科全书式的艺术家，我想活到能够画出一切的那一天。那时我对弗雷德里克·布鲁利·布布雷的展览很着迷，他的展览表现了他希望以一贯的明信片创作模式展示整个宇宙，其中的每张卡片代表一个对象。我也想做同样的事情。

左图，勃艮第第戎剧院2010—2011演出季的海报。
右图，勃艮第第戎剧院2009—2010演出季的海报。

THÉÂTRE DIJON BOURGOGNE

DU 10 AU 13 MARS

SALLE JACQUES FORNIER
30, RUE D'AHUY

VAN GOGH AUTOPORTRAIT
(CRÉATION)

DE ET PAR JEAN-CLAUDE COTTRELL

MUSIQUES JEAN-MARIE SÉNIA

TEXTES TIRÉS DE LA CORRESPONDANCE DE VINCENT VAN GOGH ET DE "VAN GOGH OU LE SUICIDÉ DE LA SOCIÉTÉ" D'ANTONIN ARTAUD

COMPAGNON ARTISTIQUE FRANÇOIS CHATTOT

RENSEIGNEMENTS RÉSERVATIONS
03 80 30 12 12
www.tdb-cdn.com

Théâtre Dijon Bourgogne
Parvis Saint-Jean

Production Théâtre Dijon Bourgogne-CDN
en collaboration avec D'un Acteur, l'Autre

TENDRESSE
ESPOIR
DESIR
VOLUPTÉ
ARDEUR
EXALTATION
JALOUSIE
COUP DE FOUDRE
IVRESSE
JOIE
PREUVES
INDICES
AUDACE
SERMENTS
ÉBATS
DOUTES
PASSION
3564
532

TENDRESSE
VOLUPTE
DÉSIR
COUP DE FOUDRE
3564
JALOUSIE
ESPOIR
COUP DE FOUDRE
3564
TENDRESSE
EXALTATION
ESPOIR
TENDRESSE
INDICES
DÉSIR
DÉSIR
PREUVES
DOUTES
INDICES
ESPOIR
DÉSIR
TENDRESSE
EXALTATION
DÉSIR
DÉSIR
ARDEUR

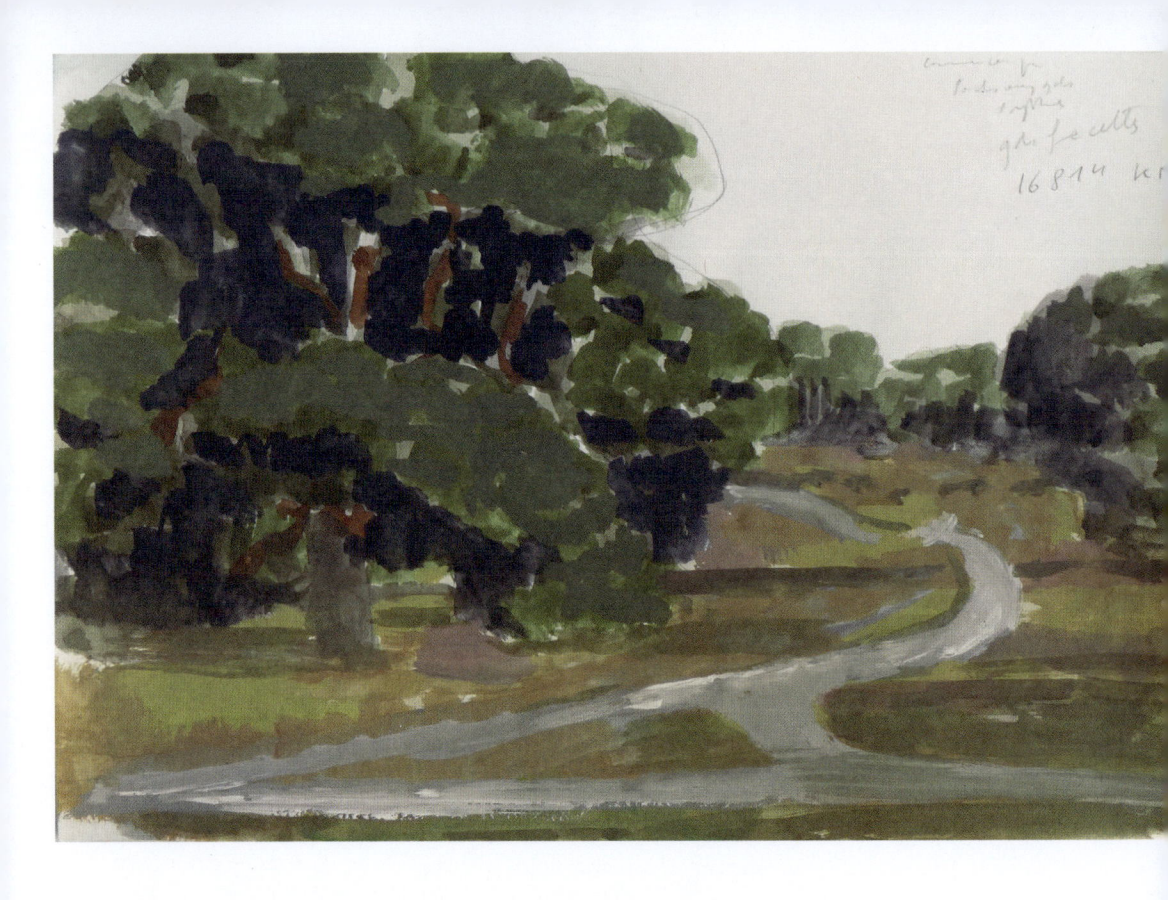

在我脑中，这个启示与我对地图的兴趣相结合，于是我开始着手百科全书式的创作，来展示从高处看到的世界。我的第一幅画展示了从天上俯瞰的风景，道路纵横交错。然后我想是时候下来了，接着我画了有透视效果的道路，就像一个步行者看到的那样。然后我又发现我的道路太荒凉，于是就开始画动物和人——这是一个非常有条理的过程。

　　然后我经历了一个停滞的时刻。在某种程度上，我明白对我来说重要的不是主题，而是整个绘画本身。我想非常有条不紊地探索绘画。我从绘制一系列各种不同风格的树木开始，从最写实到最简化的。然后我又放弃了这个主题，只去探索形状和颜色，而没有更多的参考形象。从那时起，一段漫长的探索开始了，在我看来，探索到现在还没有结束。我对所有可能性的探索都尽量保持开放和好奇，包括技术上的、风格上的等等。

前页，《永恒的爱情画地图》，平版印刷，发行人弗兰克·博尔达斯，2000年。

左图，纸本水粉，25×32.5厘米，2014年。

右图，《运河贯穿的城市地图》，布面丙烯画，130×97厘米，1989年。

《伊卡洛斯的坠落》，布面丙烯画，每张27×35厘米，1990年。

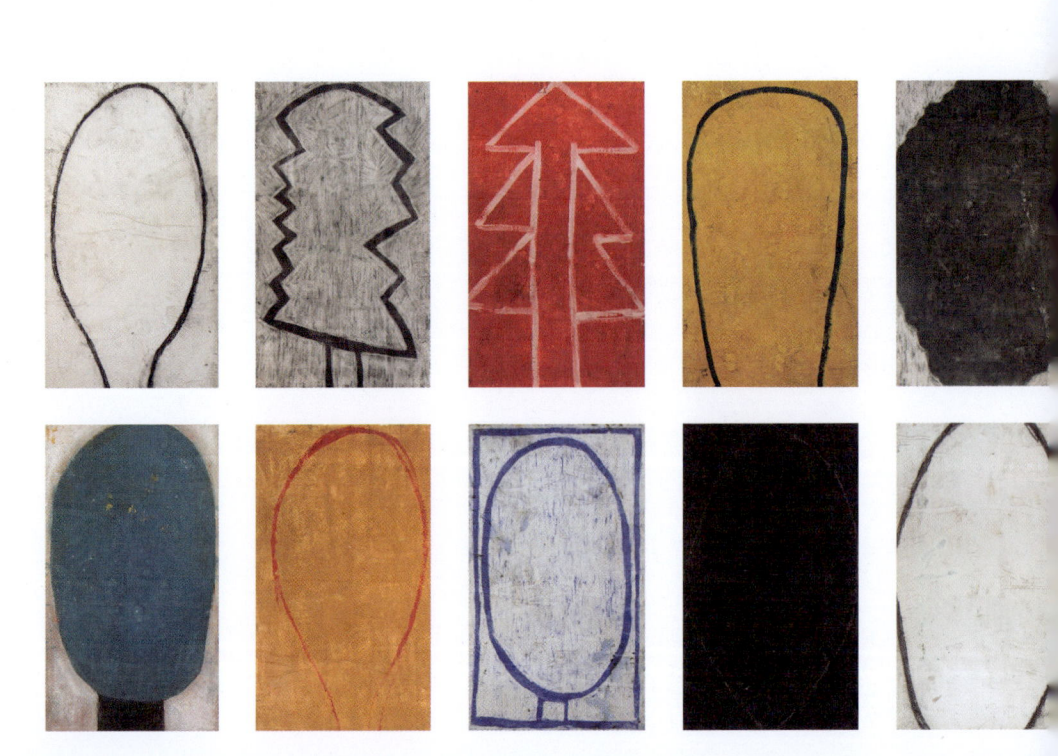

上图，纸本颜料和树脂，每张150×150厘米，1990年。
下图，纸本丙烯，装裱在木头画框上，每张150×85厘米，1991年。
右图，纸本颜料和树脂，每张150×150厘米，1990年。

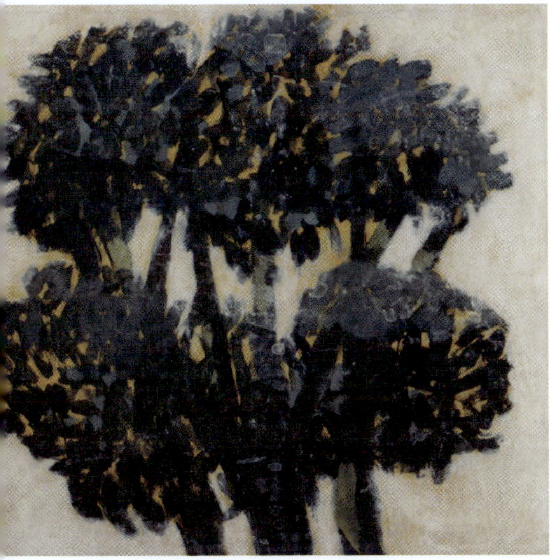
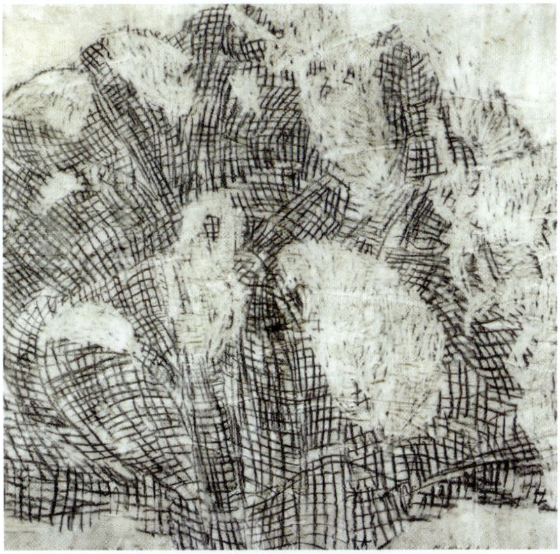
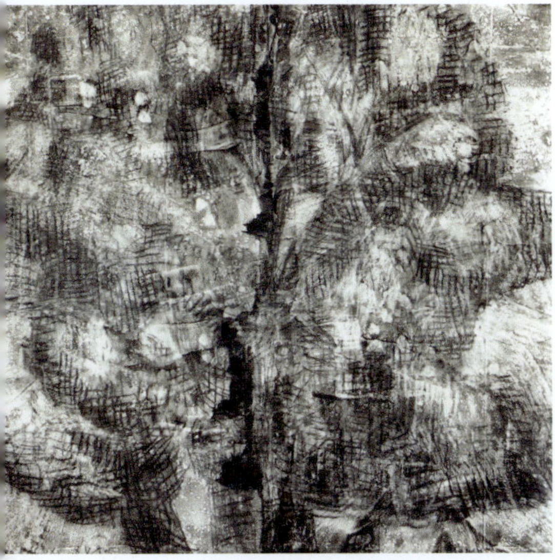
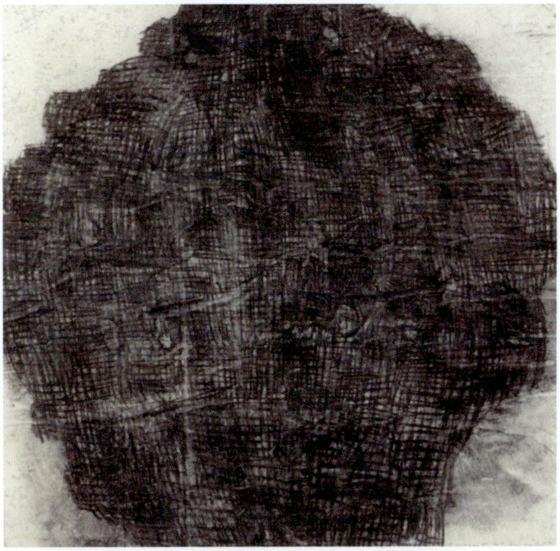
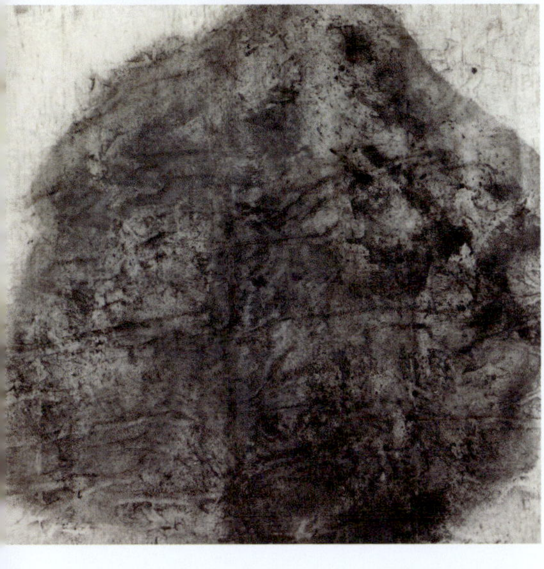
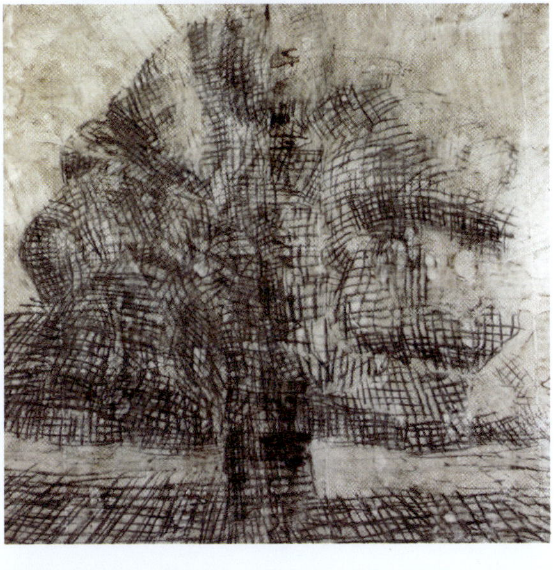

INDICES
DÉSESPOIR
ESPOIR
TENDRESSE
PASSION
DÉSIR
COUP DE POUDRE
3564
VOLUPTÉ
JALOUSIE
AUDACE
PREUVES
PROJETS
SERMENTS
DOUTES
ÉBATS
JOIE
43
332

进行研究和开发新技术也意味着为探索世界开辟一条新路。在这种探索中，会不会也有迷路的风险或是走入岔路的想法？

在我看来迷路是好事，而且你永远不会真正迷路！我认为只要做大量的工作，就不会迷失方向。当然，这需要方法，并且要在某些时候回顾和浏览自己的作品，就像我在准备《考克斯守则1》时做的那样。

对我来说，好好审视自己的作品绝对有必要，这几乎和创作一样重要。在我看来，不在一开始就加以判断或不在第一时间就戴着有色眼镜尝试创作，并在之后的创作中从容且长久保持这种态度也是很重要的。

这对我来说是一个非常好的方法，因为当我刚完成的作品被挂在墙上时，我不会一下子感到惊讶或是高兴。同样，第一次看到全新事物的观众也需要去习惯它。我认为有这样一段适应时间非常重要。当我在墙上作画时，我会时常退后一步，看看我刚刚画了什么，这是我以前没有做过的。现在，对我来说重要的是审视，而不是冲动地创作。据说塞尚在创作时花了更多的时间去观察他画下的笔触，而不是下笔画画。

对我来说，绘画更多的是理解自己刚刚做了什么，而不是预想将要做什么。

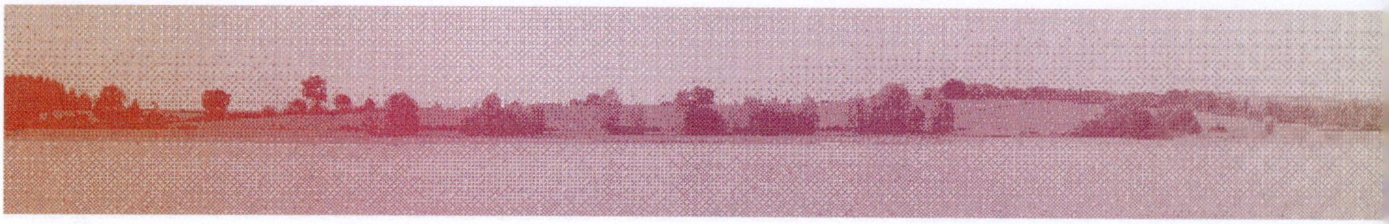

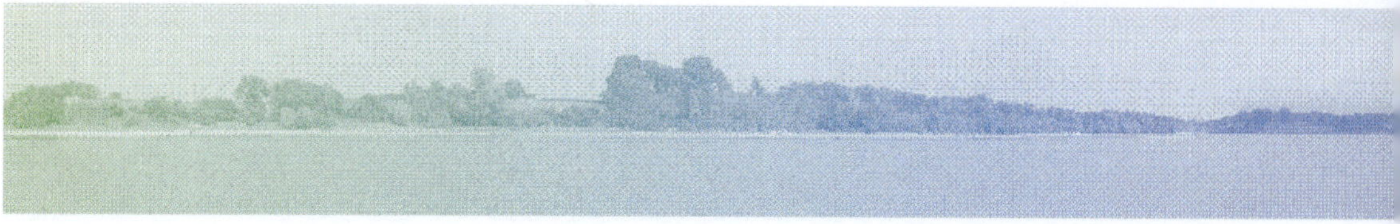

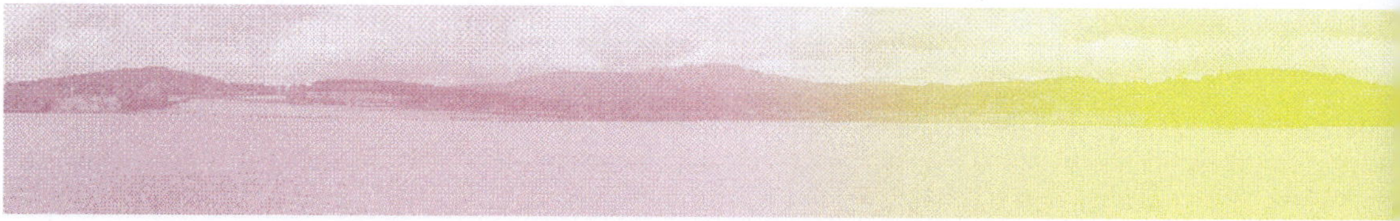

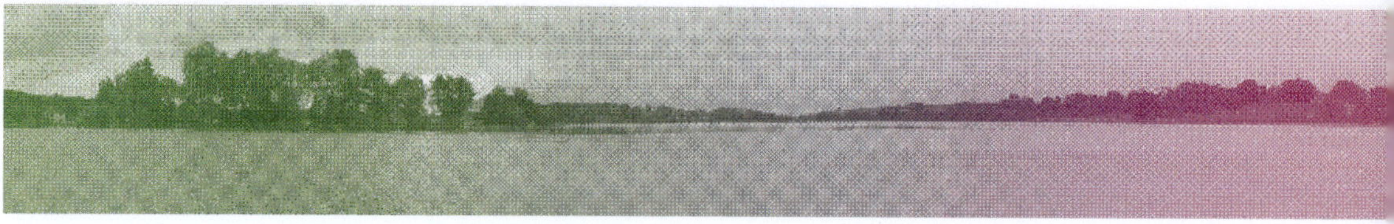

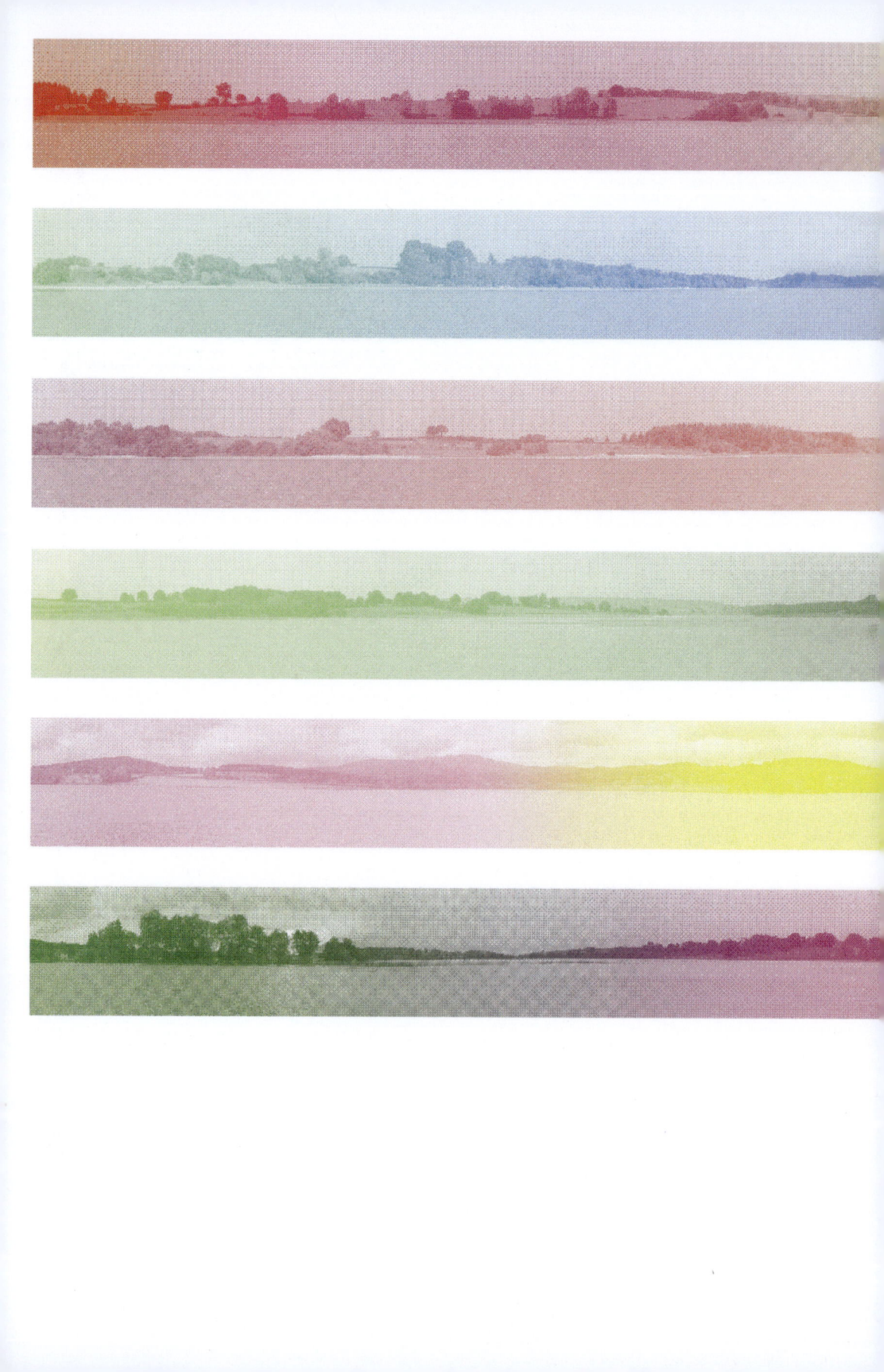

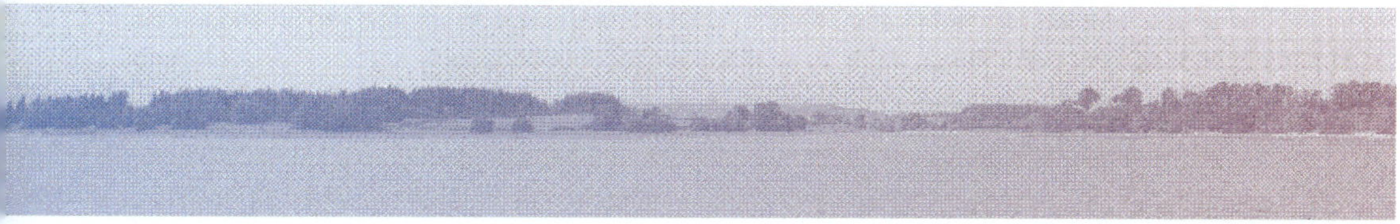

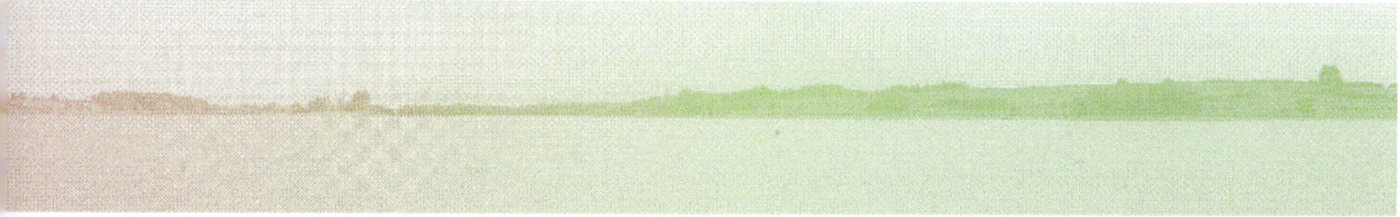

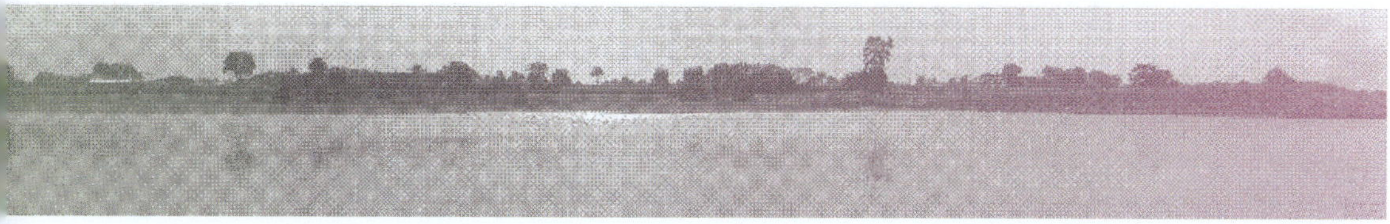

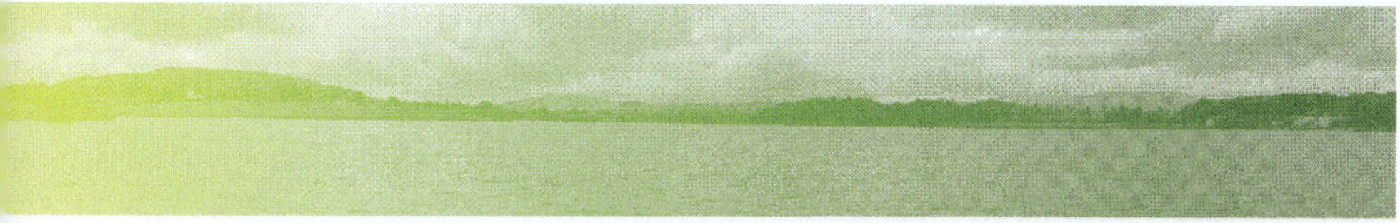

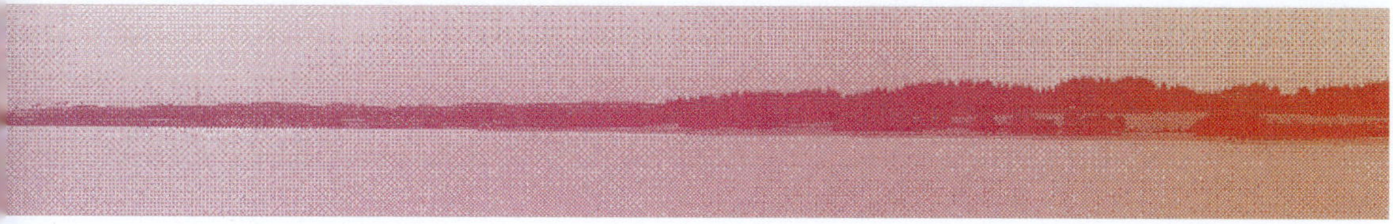

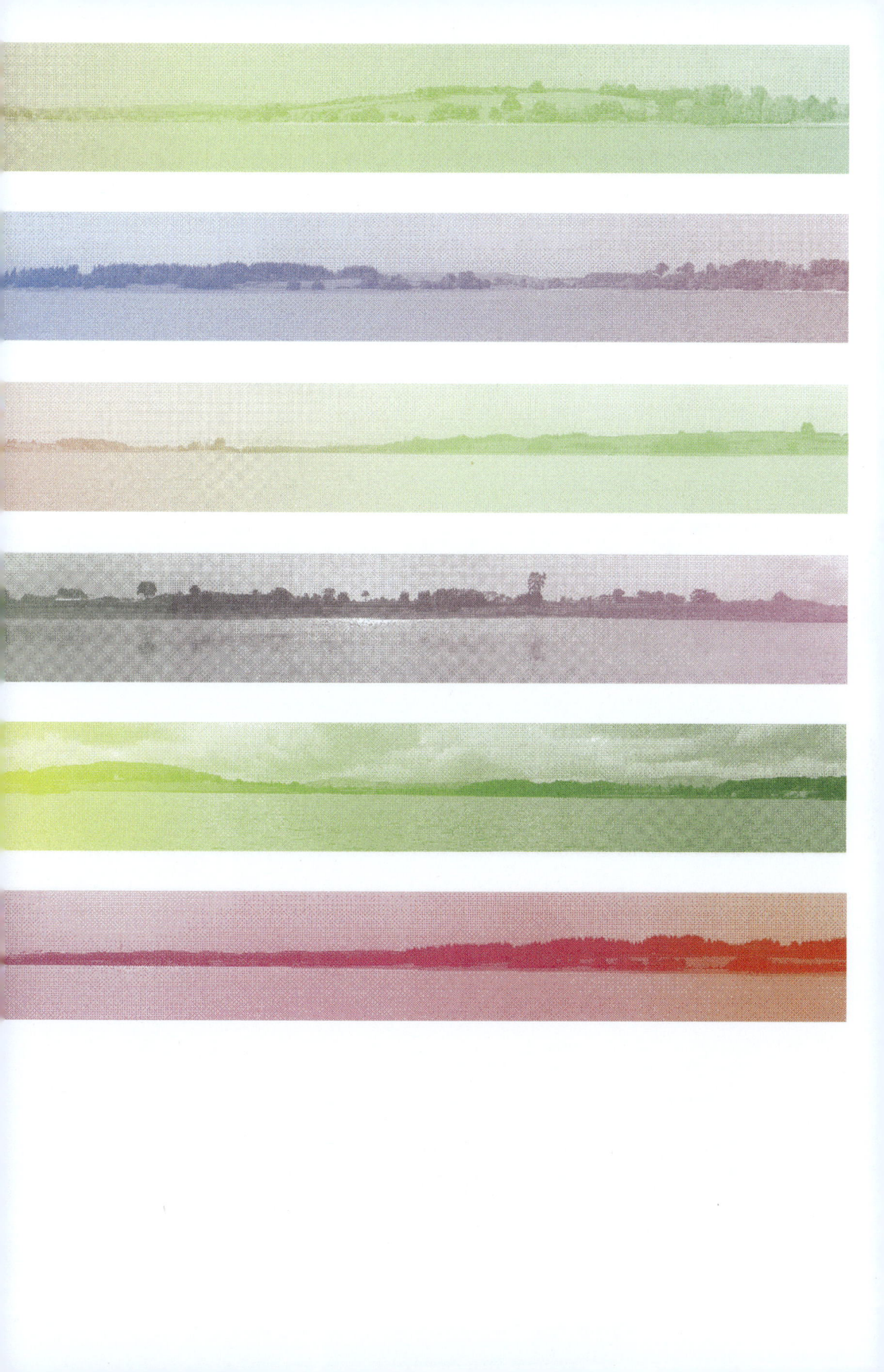

在你的作品或创作过程中，主题之外的元素及寻找这些元素的时间似乎都很重要，这对你意味着什么？

它反映了我的思维方式。杜布菲用"循环"的概念很好地解释了我的这种创作偏好。"循环"指的是从主题之外的元素入手，最终再回到主题上。从我长时间的创作工作经验来看，确实在很长一段时间内，作品的主题会被隐藏起来，但随着创作的推进，主题又会被几乎完整地还原出来。"主题偏离"这一方法非常适合我的思维方式，这种方式是通过联想和跳跃式思维运作的，比如可以从公鸡一下子说到驴（但公鸡和驴生活在同一个农场，两者间的跳跃并不会很大）。这也是我如此喜欢鲁道夫·托普弗的原因之一，因为他是另一位擅长使用"主题偏离"手法的大师。他的著作 *Voyages en zigzag*（《曲折之旅》）出版于 1836 年，有趣的是，在这一年，美国哲学家拉尔夫·沃尔多·爱默生写下了这句话："最好的航线从来都不是从始发地直达目的地，而是由数百次靠岸组成的之字形航线。"同样，我也觉得螺旋形和之字形比直线更适合我！

你能告诉我你的创作方法吗，是不是很特别？

在开始一个创作项目之前，我会花很多时间来搜集资料。我睁大眼睛到处浏览，没有目标，然后不断记下看到的信息。我这样做的真正目的是不让自己去思考，而这往往会让我产生灵感。我不加选择地记录——这个阶段可以持续好几天，然后反复查看。为了重看这些信息时能更有头绪，我会用特定的颜色去标记某些记录下的缩写，这些缩写总是相同的。例如，P表示"可能的事情"，而M代表关于"方法"的问题，MOD（表示"范例"）的分类下汇集了当时给我灵感的艺术家或作家的名字。我经常想：如果他们处在我的状态下会做些什么？他们将如何完成我的项目？这些想法会让我十分兴奋。

在我选择展开这些想法时，我会将P类（可能的事情）的所有词目重新列在一张清单上，并将清单切成小条。我会确保房间里没有风或气流吹过，然后在桌上对这些小纸条进行第一次排序：一列是第一选项，另一列是第二选项。优选之后，第一选项中又出现了新的排序、新的分列，以此类推。这种方法可能看起来很费力，但它确实能帮我理清头绪。这让我通过做减法对自己的想法进行概览并统筹，然后使真正的想法显露出来。

在开始创作一个项目时，我只有一个想法的情况非常少。我脑海中一旦冒出了一个想法，其他的想法就会立刻出现。其实大多数时候，第一个

为艺术1%计划项目做的笔记，2018年。

冒出的想法就已经很好了，但我总是试图让自己多一个选择，或者更确切地说，我有时对第一个想法有点警惕，因为它出现得太快或太容易了。所以我会往更深层或其他方向去开发探索。然而我常常还是会回到最初的直觉上，接着再去丰富那些我搜寻资料时产生的想法。

无论如何，我认为一个项目的起点并不那么重要，因为我们永远不会只有一个好主意，而是会有几个看起来都不错的主意。但无论它们起源于哪个想法，我们总能达成那些我们深切渴望的目标，就像所有的溪流，无论它们从哪里发源，最终都会汇入河流。

看来这种方式是你创作过程的重要组成部分。此外，你在瓦伦西亚

LUX 艺术空间举办的展览名为"谜径"（*Méthode*），意为一条长长的贯穿整个地方的循环。对你来说，"méthode"这个词是否意味着解决方案的漫长过程？

从词源上讲，méthode这个词的意思是"道路"，由希腊语词根"ho-dos"和意为"超越"的前缀"méta"构成。这是一个很美的词，因为它意味着沿着这条路走，我们总是会到达比预期目的地更远的地方。我将在瓦伦西亚LUX艺术空间举办的展览命名为"谜径"，因为这个展览是关于道路和小径的。我在那里搭建的装置由三个长长的木制滑槽组成，这些滑槽在整个建筑里纵横交错，绕了好几层。一些小型木车顺着滑槽滑下，每个小木车上的双面标签上都写有一个词。

LUX的前身是电影院。现在，艺术中心占据了整座建筑，它的内部结构对参观者来说有些复杂。当我开始一个创作项目时，我总是会先问自己，我要做的是一个艺术展览还是一个艺术装置，以及目前的现实情况是什么（这是一种创作约束形式）。我首先会分析空间结构，并且常常让空间来决定我的想法。在这个案例中，我对整个建筑物进行了非常精确的测量，并制作了一个模型，就像对待大多数项目一样。我很快就有了对我来说最重要的想法，那就是要设计一种可以自行流动的装置，以方便参观者观看，而且这个装置要由一个导线引导。场地模型一做完，搭建一系列滑槽的想法就自然出现了。现在看来，这样的想法在当时是一种赌注，但答案在我看来是正确的。后来我有了让这些小车流通起来的想法，我想让每个小车作为一个词的载体，然后根据它所走的路径随机创建句子。在整个建筑的顶层，我设计了

上下图，展览"谜径"，2007年。
右图，"谜径"场地模型，LUX艺术空间，瓦伦西亚，2007年。

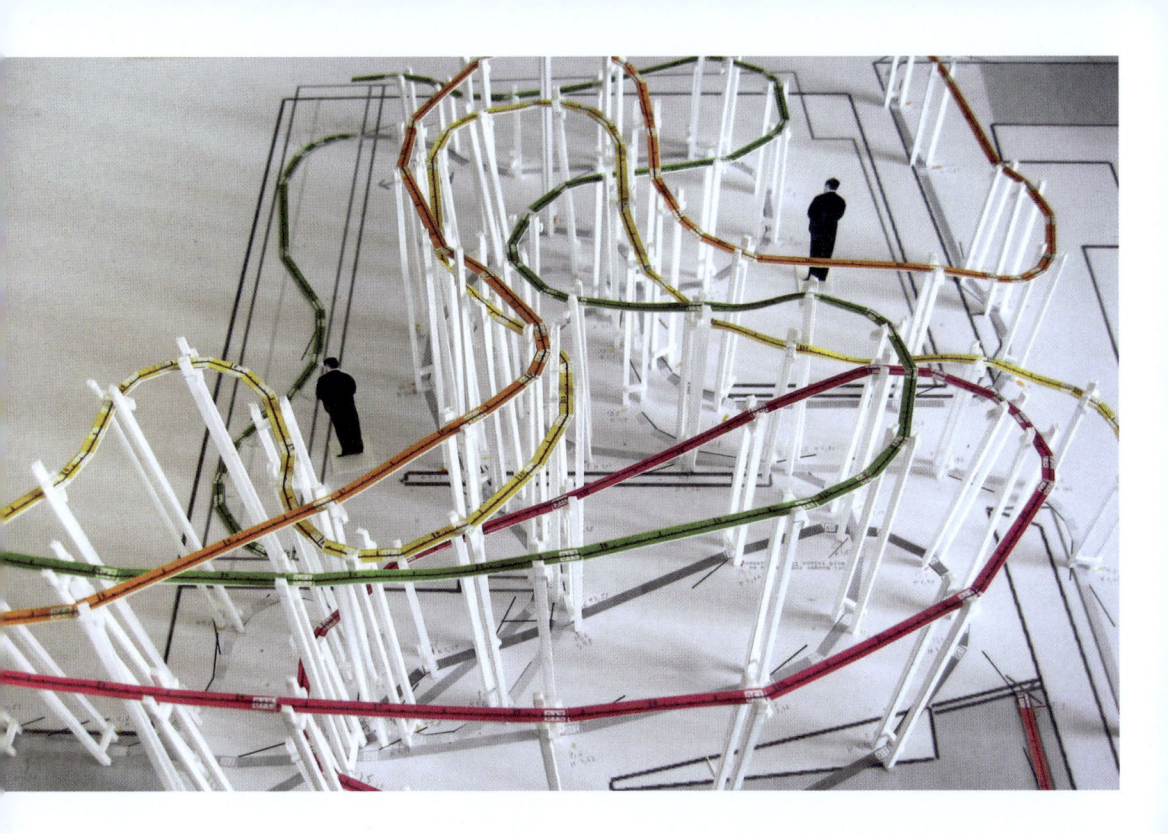

一个车库，我们制造的独具风格的小车就是从这里开始运行的。我在每一个小车上面都放上了固定的词，并根据展出原则之一将这些词进行分类，即分为名词（在句子中可以作为主语或直接宾语）、动词和副词。事实上，无论小车怎样运行，在这个流通路线上它们总能形成一个句子。这很有趣，而且效果很好，但唯一的缺陷是这个装置的噪声太大了！

在这个案例中，对我来说很重要的一点是，要一如既往地全面考虑作品以及容纳作品的环境，因为这个环境是起决定作用的。

同样，当我制作剧目海报时，我总是从一个现实情景出发，然后在面板上进行摄影合成。这是一种限制了可能性的方法，但同时，这种约束易于创作。

你的方法似乎很耗费精力！那么，你如何看待这个通过笔记和"标签"来进行创作的过程？

这是我最喜欢的时刻（做笔记时，犹豫不决时）！这个时刻的快乐很纯粹，因为一切都是开放的、可能的。我喜欢一个项目的起始阶段，就是当我把所有出现在脑海中的想法都写在纸上的时候。

在这个阶段，我的笔记是词语或非常简单的图片。我喜欢用形状和图像来思考，这让我想起了很久以前为《解放报》画的一幅插图。那时，我需要为一篇关于La Bible de l' humour juif（《犹太幽默宝典》）的文章配图。该文章把犹太式幽默和精神分析结合在一起，所以我用常用的方法来为这幅图找一个创意（当时，对方需要我在两三个小时内提供插图！）。我给自己半个小时的时间来列出所有想法。首先我做了一个单词表，以及一个有着形状或者说视觉创意的列表。像往常一样，我试图让自己尽可能放松，并尝试着"不强迫自己思考"，然后来做出这些列表。半个小时过去了，我把这些列表剪成条，在桌子上到处移动，期盼两张纸条的偶然相遇能让我产生一个创意。我记得很清楚，得出最终创意的过程似乎很简单，就像突然有了启示一样，而我需要做的只是将两张纸条并排放置。我在视觉创意列表中画了一个有7个分支的烛台，并在字母 Ψ 上做了进一步改写。这两个标志之间的相似性让我立即找到了我想要的画面。我让弗洛伊德和一个拉比（译者注：拉比是犹太人中的一个特别阶层，是老师也是智者的象征）面对面。我通过弗洛伊德和拉比的胡须及帽子强调了画面的平行性。在我的记忆中，这是一个能够体现出言语联想和视觉联想的典型案例。

当你为某个艺术装置分析场地的真实数据时，你是否觉得有必要进行现场研究？

每次都有必要！事实上，大多数时候对我来说是必要的。就像在肖蒙的那次，我在一个巴洛克风格的耶稣会教堂里办展，而且这个教堂还算知名。在我没有线索之前，我花了很多时间在这个地方考察，看看它能告诉我什么。通过研究，我确定要做一些有曲线和色彩的地面装置，与教堂的黑白形成对比，而且这个装置得是竖直的，以和地面形成角度。

在很长一段时间中我不知道如何处理这种直觉，直到我想到了桌球高尔夫（译者注：一种将高尔夫与桌球相结合的体育游戏）。我不想仅仅展示海报或其他的印刷作品，我想为这个展出场地创作一件独一无二的作品，能体现出我除平面设计外的其他隐藏技能（即使邀请我参加的肖蒙设计节是一个平面设计节）。在有了桌球高尔夫这一想法后，我在展出场地制定了建造标准，然后确定了桌球高尔夫这种形式，并将最终作品命名为"托比叔叔的滚木球草地"。我赋予了作品一个有迹可循的符号——托比叔叔，他是劳伦斯·斯特恩的小说《项狄传》中的一个角色。小说中的这个角色在滚木球草地上模拟演练那慕尔战役，这就是"滚木球草地"的由来。《项狄传》的作者劳伦斯·斯特恩与平面设计之间也有解不开的关系：他是第一位我所了解到的特别关心图书形式的作者，他甚至发明了一个特殊的连字符来表示某种停顿方式。此外，他还是一名神职人员，因此通过在教堂内创办艺术展向他致敬就变得很有趣。在我的创作工作中，项目通常由一种先验直觉展开，直到后期我才会在项目中赋予这种直觉具体的意义。

是你制作了这个装置中的所有元素吗？

是的，我制作了所有元素，但我很快意识到建造这个装置的想法有点疯狂，因为这绝对是一项艰巨的任务！整个迷你高尔夫球场装置占地超过100平方米，由一片林立的支架支撑着，从而形成一个有起伏的山丘（高低落差有时几乎有1米），而教堂本身的柱子嵌入这片"山丘"中。尽管测量精确，但在组装过程中很可能出现错误，可我们最终还是组装成功了，误差不超过半厘米！

我尝试自己动手制作装置。因为我觉得在这样的项目中，外观过于光滑、完美的装置所产生的效果可能会有些平淡，我想要它有修补过的痕迹，甚至看上去是易坏的，锯和刨的工艺有些粗糙也无所谓。虽然有些奇怪，但这才是我想要的。

通过自己动手制作，这个装置就不再只是个需要被完成的任务。我会自由地修改它，直到最后展出。

所有这些创作的重要原则都可以在你 2003 年出版的《考克斯守则1》中找到，该书汇集了所有创作项目。你是怎么构思出这本书的？

关于《考克斯守则1》的故事相当有趣。这本书的最初构想，源于一位马恩河谷总委员会的工作人员——弗朗辛·福尔基尔，我非常喜欢她。她所在的部门有一项艰巨的工作：每年要出版一本面向新生儿的、由艺术家或作家写的书。弗朗辛在2003年找了我来做这项工作，于是我创作了 Cependant（《当时》），之后我将更详细地谈这本书。在总委员会举办的一次展览促成了这部作品的诞生，正是这个展览的举办让弗朗辛想到了出版一本介绍手册。在我们讨论的过程中，她发现我的工作中还有许多她未了解过的内容，她认为一本介绍手册是不够的，有必要将我的作品汇编成书。换作我来执行这项工作的话，我是万万不敢这样做的，甚至都不会有这种念头，因为在我看来，写一本关于自己的书的想法有一些自以为是。我对创作这样一本书非常犹豫，但这个项目符合杜布菲所谓的"分册"想法。有一些作品甚至在被展出之前就出现在他的小册子中，这些小册子连续出版了很多年，类似于不断演变的作品目录，这些小册子就是他的作品展览空间。

我最害怕的是，一想到要将我所有的作品都整合在一起，我就会发现自己面临着杂乱无章。出版《考克斯守则1》的好处之一就是消除了这种可能出现的焦虑。我甚至既惊讶又高兴地看到我的作品中有一大部分由重复出现的元素联系在一起。

感谢弗朗辛，感谢完全信任我的塞伊出版社，让我有了这个难得的机会能够自己设计一切——从形式到内容。我可以根据自己的意愿来打造这本书，例如确定页数，决定格式，选择作者……我很高兴可以像使用一面白墙一样来对待我的书页：没有限制，每个跨页就像摆放我的作品复制品的画轨。我的想法是尽可能多地展示我的作品，因为创作中的犹豫和强迫、重复的一面也是我特有的，它们都是我工作的一部分。我也希望书中能有文本内容，因为从读者的角度出发，我会对一本艺术书籍有很多期望，特别是希望它能启发我，让我有一些对某个艺术家作品的看法……但同时，一种自以为是的想法也困扰着我。我不想让人写关于我的文章，而是想让这本书成为一个我所珍视的机会，成为一座我与读者间的桥梁。所以我请了五位作者来写关于乌托邦、游戏以及制图主题的文章。我将木头或风景作为这五位作者稿件的背景。至于我自己的文字内容，则是以手写体的形式出现：我想通过这种方式来突出内容的私密性，使读者就像在读我的日记一样。如果要我说为什么选择手写体这种形式，那是因为印刷排版会带来太多的权威性。

上图，《让·杜布菲作品目录》分册一，让-雅克·珀维尔出版社，1966年。
下图，《考克斯守则1》，塞伊出版社，2003年。

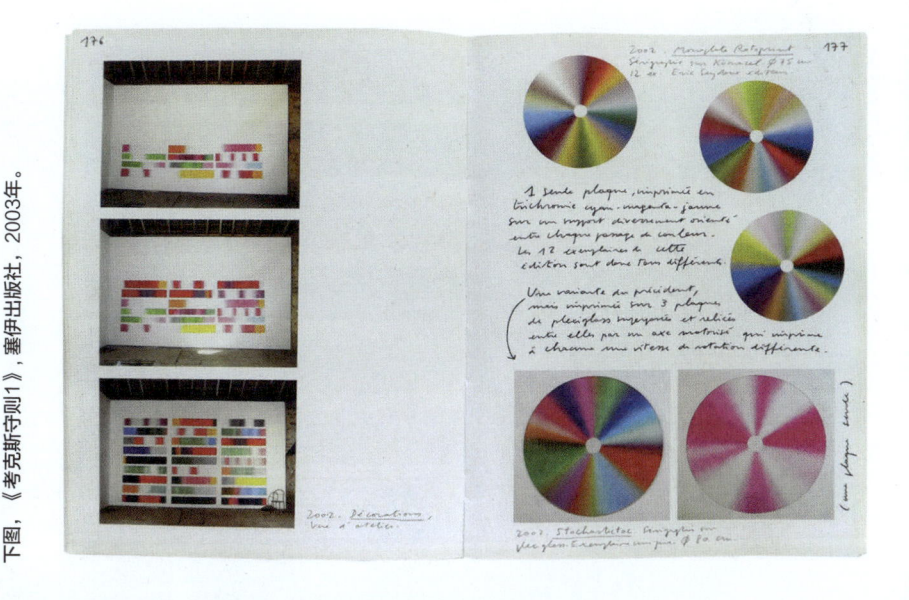

192

193

2003. Acrylique sur papier. 120 x 160 cm

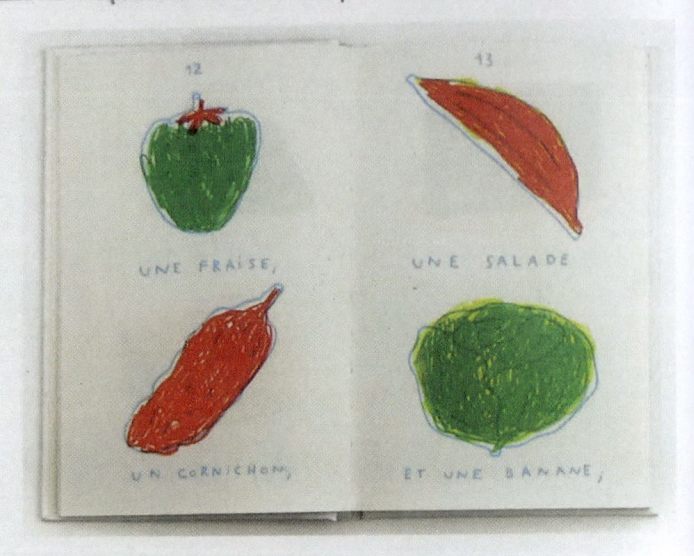

272   Ces Nains Portent quoi ???????, 2001. Le Seuil.

Ces Nains portent quoi ???????, avant d'être imprimés en offset, ont été réalisés de manière expérimentale en lithographie, en permutant selon un ordre préétabli (ici une des feuilles de la partition ayant servi à l'impression) les plaques des différentes couleurs. Des mises en couleurs inattendues ont ainsi été obtenues (en voici un choix) parmi lesquelles les plus intéressantes ont été sélectionnées pour être reproduites en offset en utilisant les mêmes paramètres : plaques, encres, papier.

273

《考克斯守则1》介于作品全集和艺术家书籍之间。另外，你已经将 Œuvres romanesques complètes（《纯虚构作品》）打造为一本艺术家书籍。你能告诉我们是怎么做到的吗？

出版商兼平版印刷商弗兰克·博尔达斯曾与阿罗约、阿列钦斯基和阿尔曼等人合作，制作了限量版的精美丛书，名为Paquebot（《客轮》），共出版了110份。我建议他发挥想象，让这110个版本中的每一个都是独一无二的。

我们用活页夹的形式制作了一本书，图片在右页，文字在左页。所有书页都在他的大印刷机上印刷，这样整本书就可以印在两张大纸上。图像印在正面，文字印在背面。我们用切纸机剪裁好所有的书页，然后将书页随机放入活页夹中，因此没有一本书是完全相同的。我制定了一个小规则：第一页的文字是一样的，代表故事的开始；最后一页的图像也是一样的，是以一个吻作为结束的"幸福结局"。在每一册书的第一页和最后一页之间，左页文本所对应的右页图像都不同。这些文本的编排方式使它们无论以怎样的顺序出现，都可以作为前一页的延续来阅读。整本书采用的是三色印刷，我借此机会尝试了所有可能的方式，从画笔到铅笔再到摄影。这也是对印刷技术的探索。

每本书都是独一无二的，每一本都有不同的标题，但作者与出版商相同。仅因这一个项目，我的书目就增加了110个！

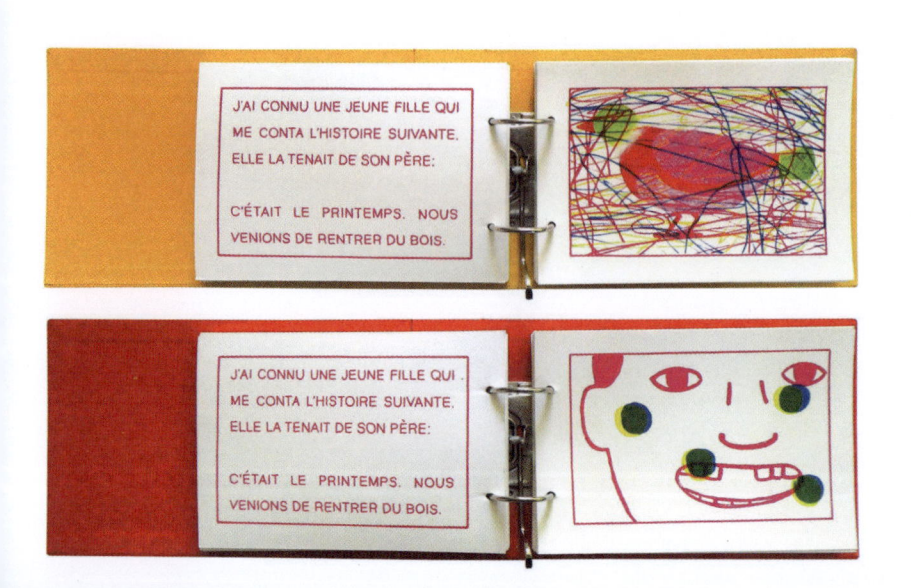

前页，《考克斯守则1》，塞伊出版社，2003年。
左图，《纯虚构作品》，弗兰克·博尔达斯出版，1999年（110版）。
右图，Ces Nains portent quoi ???????（《小矮人穿什么???????》），塞伊出版社，2001年。

那你是否为其他作品设计过不同的印刷方式？

是的，还有其他作品，特别是与弗兰克·博尔达斯合作的《永恒的爱情国地图》，这部作品印制了很长时间。地图由24张边长为70厘米的正方形纸张组成，每张都由相同的四张印版印制而成，但在印制过程中又有一些变化，使每张呈现的效果各有不同。我采用了三种不同的方法：将纸张从一个转筒旋转到另一个转筒，重复或省略一个转筒，同一印版用不同的颜色。最后，每个模块都遵循这样的设计方式，即纸张一旦印制出来，就可以从任何方向组装在一起。因此，这24张纸可以随意组装，我的想法是用尽可能少的纸张铺满一个非常大的墙面。为了避免打印中重复太多，我花了很多时间去准备一个非常精准的页面分区。

我还与弗兰克·博尔达斯一起参与了之后《小矮人穿什么？？？？？？？》的策划工作，该书由楠泰尔市委托，由塞伊出版社于2001年出版，被用于幼儿园教学。对于这本书，我想尝试利用在印刷过程中出错的"机会"——各种不同的印刷痕迹重叠在纸张上。对于我来说，这是一个美丽的巧合。在工业打印机上进行试验是很困难的，因为时间成本太高。这就是为什么我将工作分为两部分：一部分是石印（胶印的前身）试验，另一部分是这本书的实际制作。与弗兰克一起以各种方式交换印版很有趣：黄色的印版换成蓝色的，蓝色的印版换成洋红色的，等等。在我们得到大量不同的版本后，我们选出最好看或最独特的，再用相同的墨水、印版和纸张以胶印方式复制。因此，这本书的上色完全是偶然的——这是真的。事实上，为了避免色彩重复，我像往常一样准备了非常精准的分区来规定板块的排列。这就是所谓的"非惟天时，抑亦人谋"。

绘画在你的日常生活中是常态，那你进行速写时会根据观察对象的不同来选择用铅笔还是水彩吗？

我每天都在尝试速写。我画得很多，有时一天画20幅，这些画我都保留下来了。

对我来说这是一项基本练习，因为通过速写，我发现了一些对我来说全新的形式。我依照观察对象来画，因为我认为可以通过使用同一元素画出物体本来的样子，无须真正仔细观察对象。我们有时会在插图领域发现这一点，插图中有些符号经常取代面部元素，特别是鼻子和嘴巴。有一个符号在我看来是非常适用的，它使画面栩栩如生——用圆弧形的线条代替眼睛，就像一个字母U。但这很常见，并不能说明什么。通过常规的速写练习，我知道还有1000种其他的方法画眼睛，所以没有必要总是使用一个旧的符号。让-弗朗索瓦·毕来德在他的论文——*Essai sur l' art chinois de l' écriture*

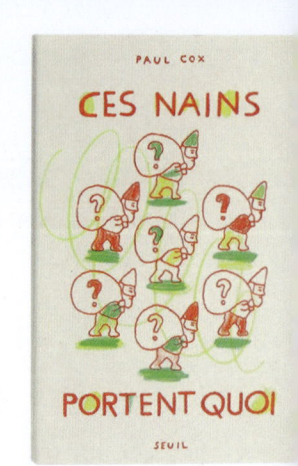

上图，《小矮人穿什么？？？？？？》，塞伊出版社，2001年。
右图，纸本石墨，32.5×25厘米，2014年。

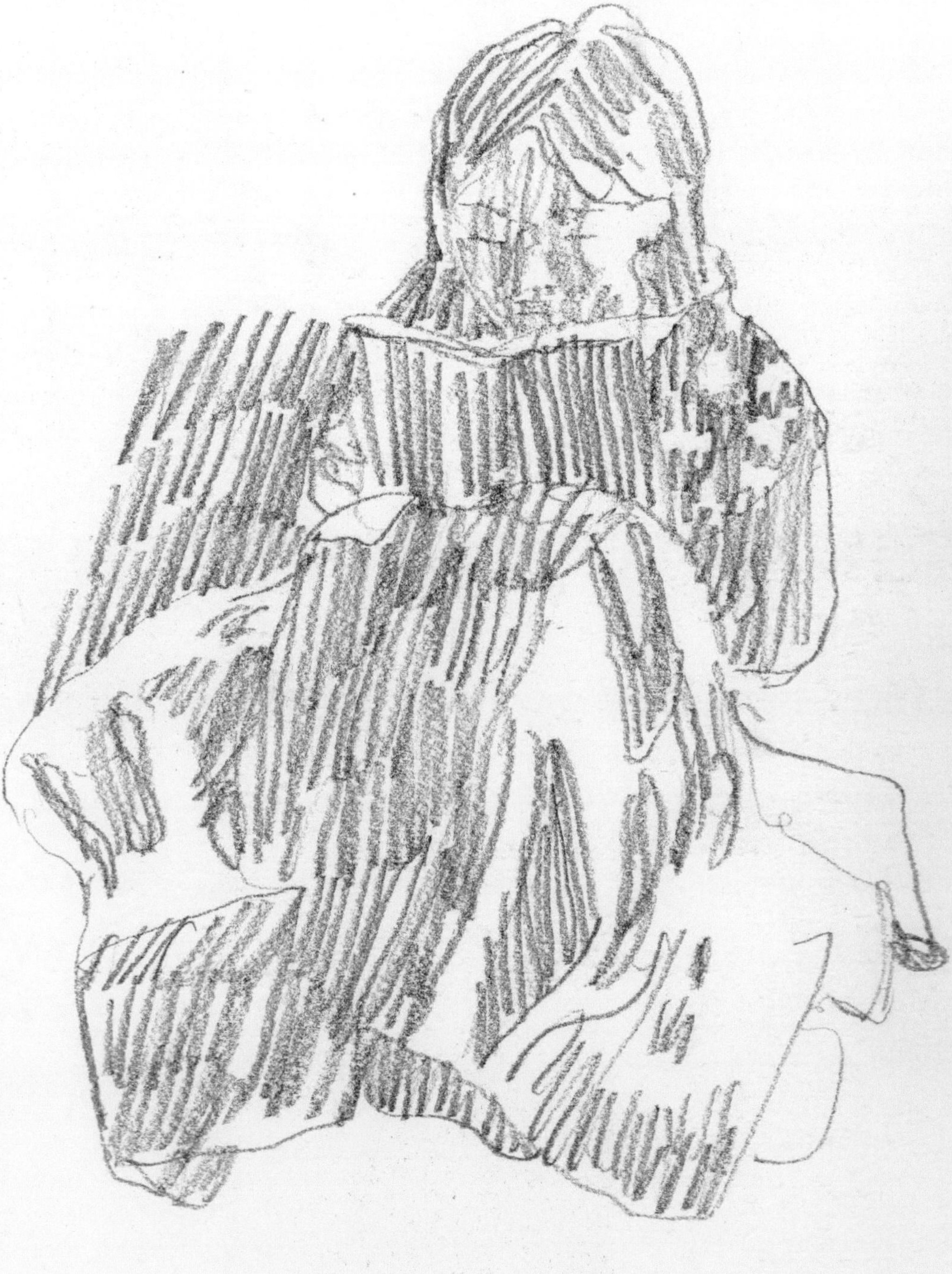

上下图,纸本水粉,25×32.5厘米,2014年。
右图,保罗·考克斯写生图,2012年。

et ses fondements（《中国书法艺术及其基础》）中解释说：马蒂斯总是以同样的手法画出独具风格的嘴巴，而这绝不是一个无用的符号，因为他在创作时总是面对一张张不同的真实的脸。仔细观察，实际上每张嘴都呈现出了一个变体。这真的很有趣，因为对我来说，速写这一创作方式是创造不脱离实体画面的保证。在我看来，符号不会引发沉思，它是用来发出信号并用来通知的，它太标准化了。符号不属于现实生活，它们属于二手语言。另一方面，我认为，当你把你的感受融入一幅画的创作中时，这种情绪很有可能会传递给观看者。

我在8开左右的纸上画画，即25×32.5厘米的纸张，因为不用折叠就可以把它放在进包里。一旦我选择好地方，就用小夹子把画纸固定在一块硬纸板上，然后放在膝盖上，就这样开始画。这些画中通常有很多道路和树木。

我有时会给自己添加限制，例如只使用红色、绿色和白色来绘制同一景观的不同色彩版本。

目前，维亚尔是我最喜欢的画家，他处理留白的方式非常出色，特别是因为用了干刷，他可以在涂抹颜料的同时让底下的层次显露出来。我尝试使用了一段时间在他身上观察到的绘画方法，我还特地研究了如何根据笔触的方向来修复一幅画。当我用铅笔或是用水彩画风景时，我意识到画面中只要很少的元素——一棵树的轮廓、一条地平线——就足够打破点或线的组合，否则它们在一个具象空间中就没有任何意义。还有一个小小的提示，那就是无论画面中剩下的空间多么小都要画满，以提供空间可读性。

我几年前在风弗洛修道院，还有最近在奥里翁城堡都展出了一些日常画作。在同一平面上调整作品的位置，有时再稍稍改变角度，就可以像读脚本或是看长镜头一样观看所有画作。

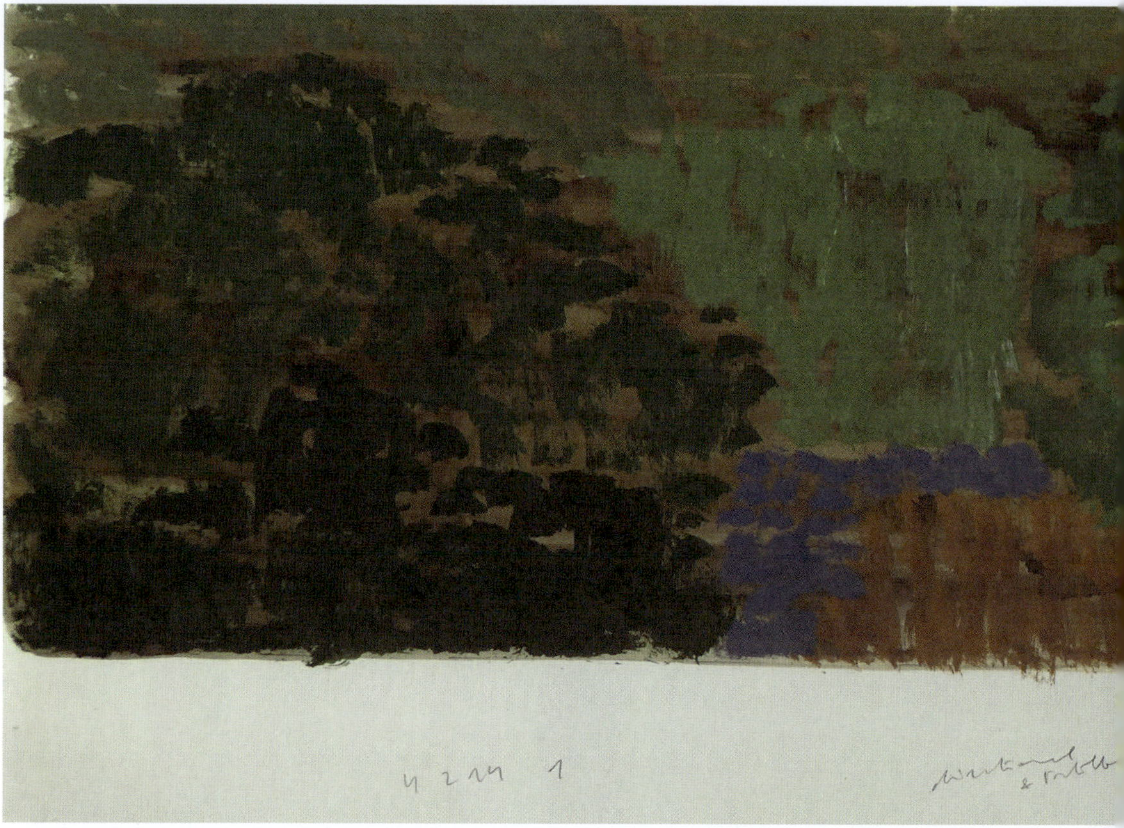
4 2 14 1

4 1 12 3

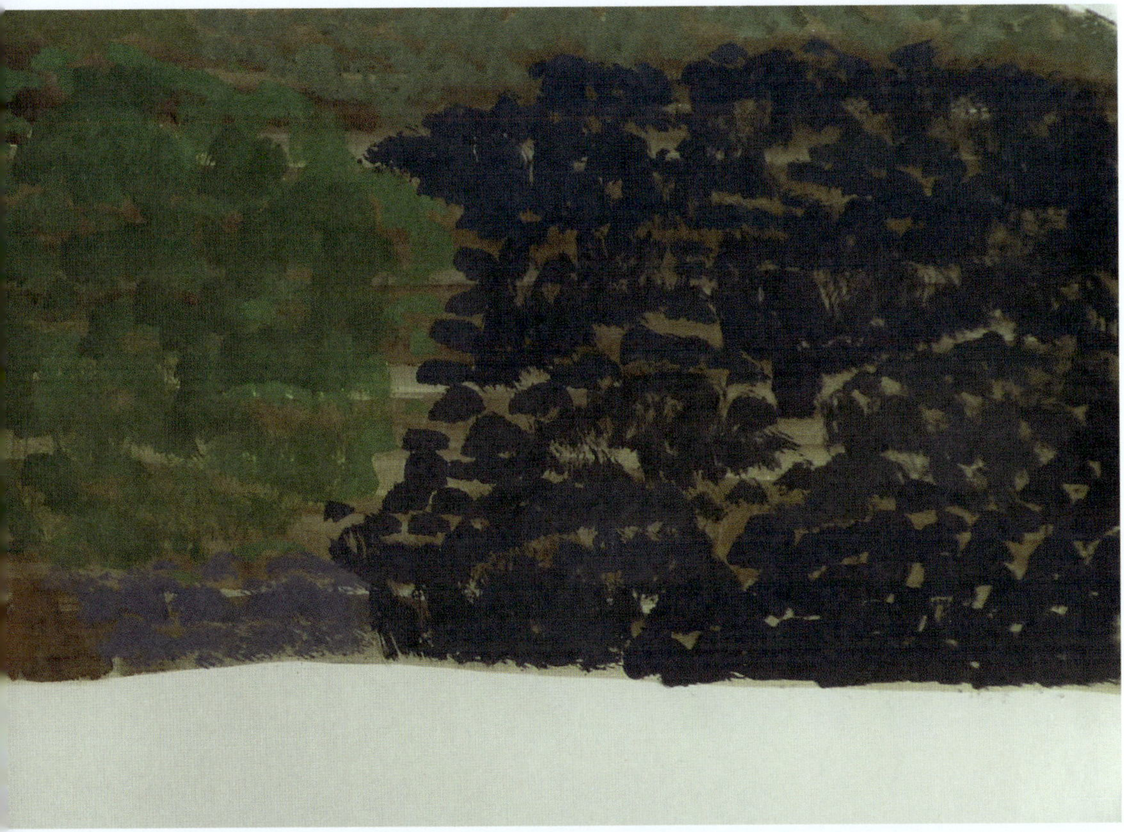

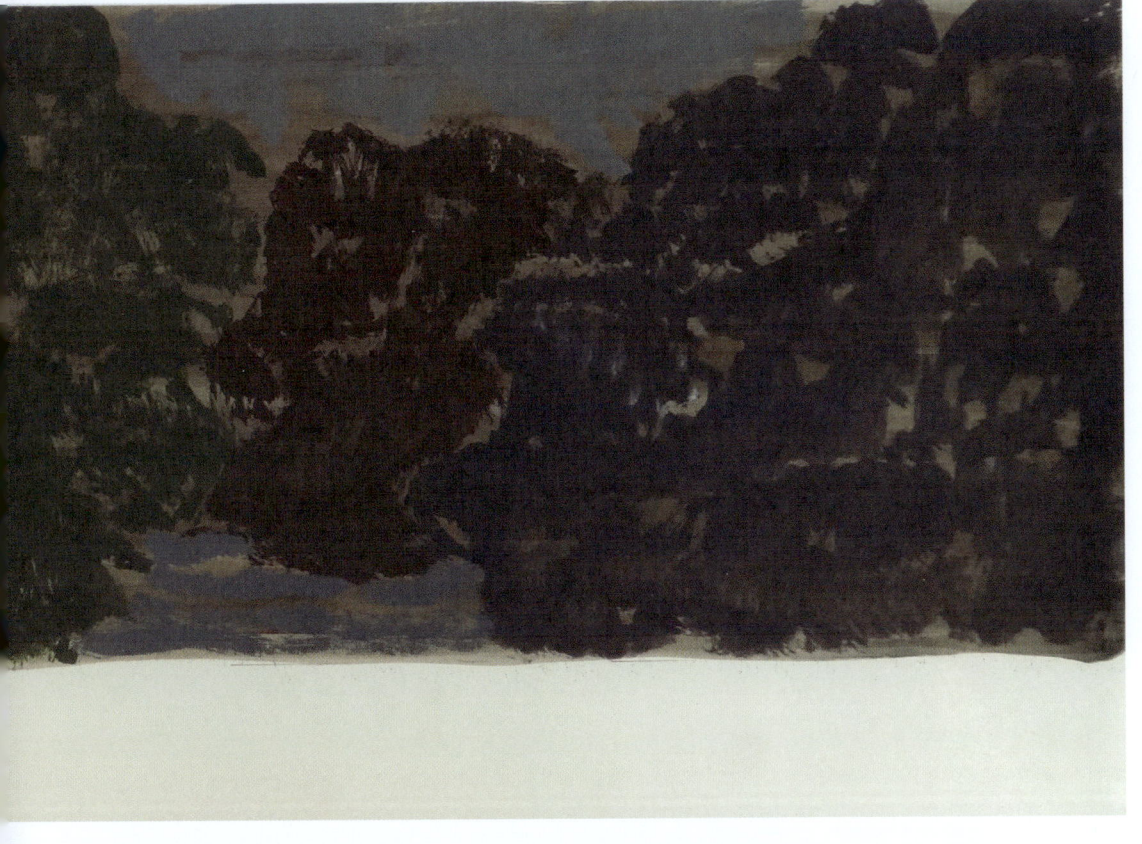

你已经多次谈到留白。你能解释一下它是什么吗？

留白是素描和水彩的基础。例如，要绘制一个实心圆，主要有两种方式：一种是用黑色填充这个圆，使圆周为白色；另一种是把圆的周围涂黑，使圆为白色。当我明白这个显而易见的事实的时候，绘画的世界就开阔了很多。我在创作亚麻油毡版画时有过这种直觉。这种做法是通过删除周围的东西来释放一种形态，相当于反向作画，这种方式往往能让我们画得非常准确，因为这样我们画的不是熟知的物体本身，而是物体的外部，也就是说人们必须仔细地观察一种自己不熟悉的形态。

反向作画或留白画法是留出空间来表达。这个空间不一定是一个具体的形状，它可以是一束光，或者一种停顿。据我所知，留白在绘画史上出现得相当晚，大约在19世纪，马奈或凡·高的时代。也就是说这个时代的画家开始不再使用连续的笔触，而是将笔触间隔开，让画布本身从笔触之间透出。在某些绘画中，例如在邮递员鲁兰的肖像中，凡·高用画笔打破原本连贯的影线，这样，排列的空隙创造了一种不是字面上的光，而是能在画中感受到的光。我们透过蒙克或萨姆·弗朗西斯画中的"空隙"也发现了同样的光芒。

留白也是制造一种痕迹，这种痕迹能创造出与绘画本身一样生动的元素。

你可以说这是一个偷懒的过程，因为你没画的东西和你画的一样重要。解释这种技法非常复杂，因为这些概念很难用语言表达。当我开始创作时，这些想法会自发出现，而在创作开始之前，我很难准确地判断应该做什么。这就是技法。这有点像在演奏乐器时对乐器的把握。比如说我拉小提琴的时候，有那么一刻我停止了思考，但一把手指放在琴弦上我就知道怎么演奏了，解释起来很复杂！

网点也是你作品中反复出现的元素吗？

关于网点我有很多要说的。首先应该就是我单纯地喜欢这种表现形式吧！当意识到一个画面的效果不理想时，我会加入网点，这经常可以挽救它。关于这个问题我也想了很多，我相信我已经找到了答案。在我看来，没有任何纵深的画面是没有生命力的。

例如，我无法忍受没有纵深感的单色，在我看来，它们就像一堵墙，我的目光被这面墙阻挡。相反，网点制造了穿透感，因此也制造了画面深度，呈现出一个有生命力的画面。一旦我们将两个平面，或者一个平面和一片网点叠加在一起，就创造出了一个立体的空间，它是有生命的，因为网点使画面动起来了。

前页，纸本水粉，64.5×91.5厘米，1999年。
上图，纸本石墨，25×32.5厘米，2011年。

此外，在创作中，网点吸引我的瞬间，就是当它与同色系的平面放在一起的时候。像这样在一个红色的平面区域边上，同样红色的、像格子一样的网点，通过与纸的白色产生视觉混合，就出现了粉红色——在我看来这是一种和谐的混合。我也喜欢这样只用一种颜色就能产生两种颜色效果的高效方式。

可以用成百上千种方式创造网点，例如，点画师的振动画法或维亚尔的干刷画法。如果必须定义网点，我们可以说它是一个以特定方式镂空的色彩平面，没有一定的创作规则，透过它可以看到画面的底层，可以给画面制造出透明度和深度。

对我来说，每种颜色都有非常特别的质感。有些颜色是硬的，有些是流动的，有些是柔软的。随着周围环境的改变，这种质地也会发生巨大的变化。网点可以调节画面质感，使画面轻盈或是厚重。

上图，日本纸制亚麻油毡版画，15×10厘米，2001年。
下图，纸本丙烯及拼贴画，每张176×121厘米，2001年。

纸本水粉，29.7×21厘米，2019年。

上下图，纸本水粉，29.7×42厘米，2018年。

上图，《游乐场》，丝网印刷，70×100厘米，马赛Fotokino工作室，2015年。
下图，纸本水粉，29.7×42厘米，2018年。

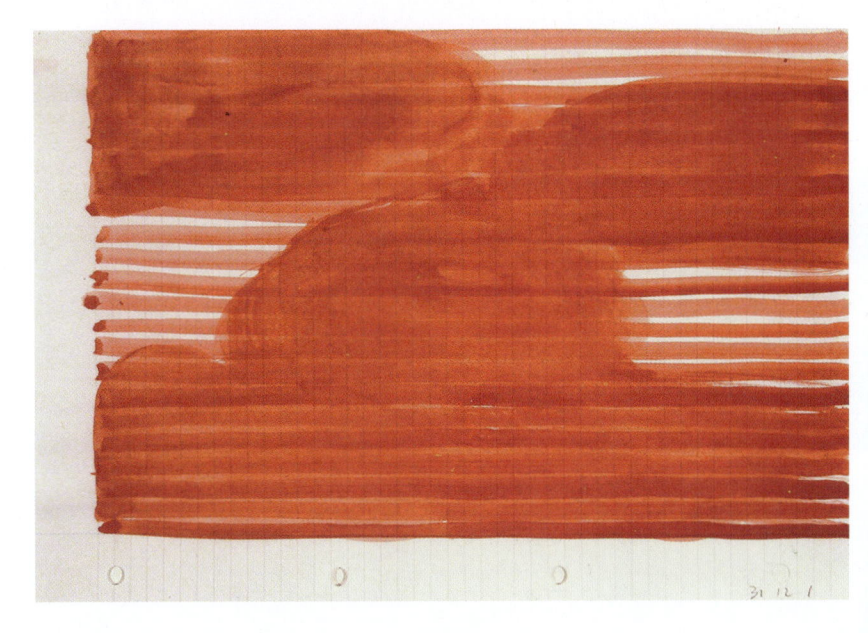

纸本水粉，每张21×29.7厘米，2001年。

致敬艾瑞克·塞杜,丝网印刷,32×18厘米,2016年。

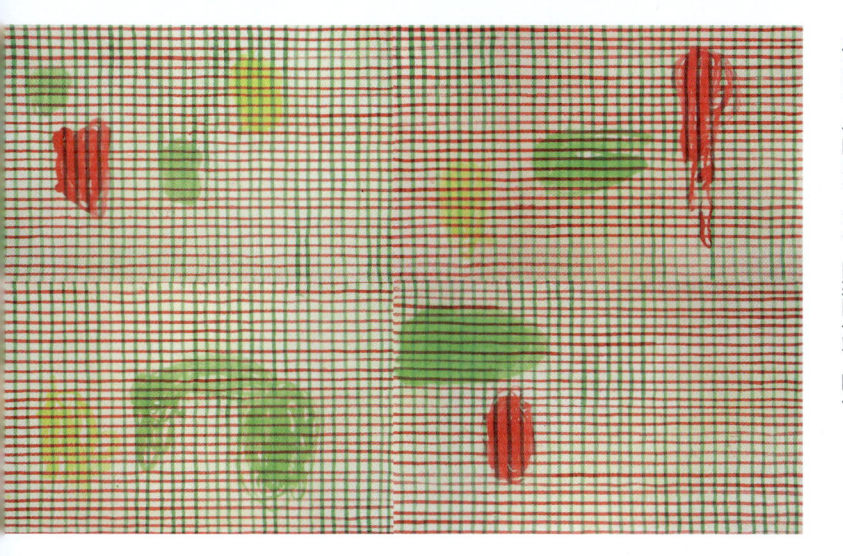

上图，纸本丙烯画，240×320厘米，2001年。
下图，纸本水粉，64.5×91.5厘米，1999年。

在你的书中，我们也可以看到所有创作图形化的过程。你能跟我说说有关 Mon Amour（《我的爱情》）一书的创作过程和其中使用到的技法吗？

这是一本老书。像往常一样，我一完成就把书稿给了编辑（这对于年轻的插画作者不一定是一个好建议）。这本书汇集了一系列小插图，描述了一个男孩试图吸引一个女孩，但没有成功的故事。故事普通，但悲惨。然而，在故事中，通过某种转机，这个男孩如愿以偿和女孩在一起并亲吻了她，这使我们相信了"幸福的结局"。但在下一页，又发生了令人惊讶的神奇转折——女孩变成了一只蟾蜍。起初我想用吻来结束这本书，但我发现这有点太简单了，所以我想出了一些更神秘且没有明确意义的情节。编辑喜欢这个创意。这是我的第一本书，但它已经脱离了幼稚的笔调。创作这本书对我来说最重要的一点是，它清楚地展现了我所有书籍的创作方式，这种创作方式首先是通过图画开始的。在这本书中，我想呈现某种未得到满足的爱情。我一开始就把所有绘制好的图画集中起来，除了最后修改过的结尾部分。在把所有图画全部放在一起后，我才把它们按特定的顺序排列，然后再写文字部分，而这些文字更像是图画的说明。《我的爱情》是一本视觉主导的书，《艺术史》同样如此。

上图及右图，《我的爱情》，伽利玛出版社 / Le Sourire qui mord 出版社，1992年。

《我的爱情》一书使用了哪些技术？

在这本书中，我使用的技术很特别，我把非常小的亚麻油毡画印在了相当吸水的和纸上。老实说，这种乐趣让我想写一本关于这种技术的书，更胜于创作《我的爱情》！

在我的工作中，技术起决定性作用。在工作时，我总会惊叹于某些意想不到的事情的发生，这通常得益于创作约束，例如使用非常干燥的刷子，用特定类型的纸，用某些特定的颜色。这种限制会将我引入一种游戏中，一段时间后这个游戏就会自行运行起来。

那时我觉得我已经掌握了一种明确的"东西"，应该可以让我实现多年的梦想——书写世界或者说制作一本能代表世间万物，比如一张脸、一幅风景、一些机器和许多其他事物的书。

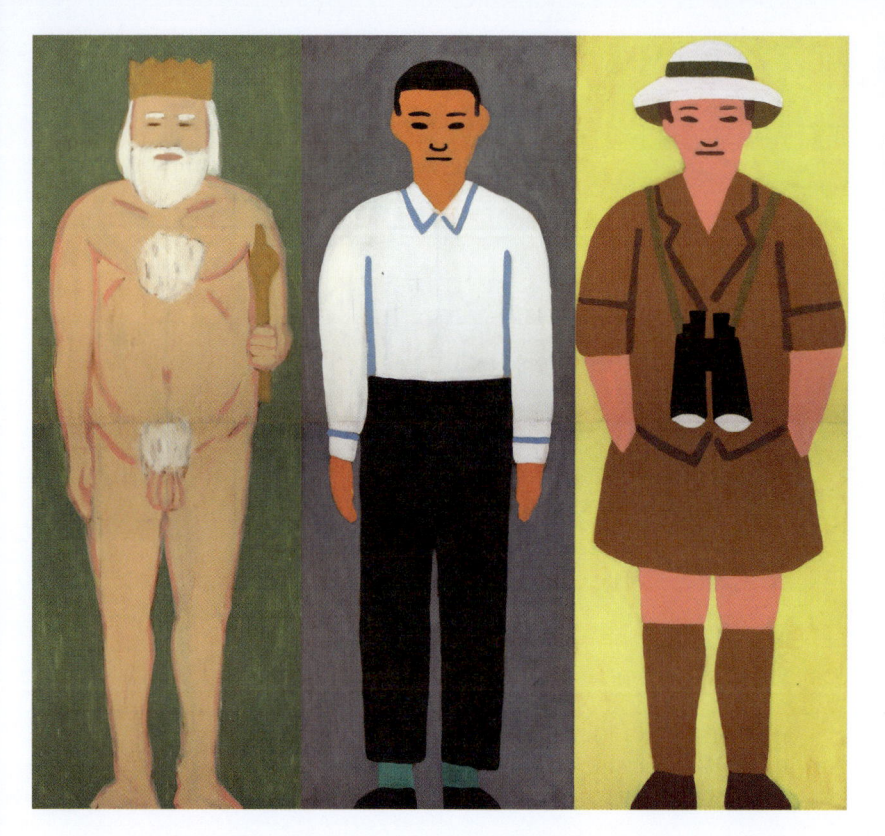

布面油画，243×233厘米，1995年。

虽然我经常会有这种想法，但我这个多年的梦想从未实现，要么是日常生活阻止了我，要么就是有什么别的事情让我分心。可我会记下这样或那样的想法以备后用，即使我有时可能再也不会想到它，或者会在原本的那个想法中跑偏。我意识到，真正的困难来自你总是要在追寻梦想的路上停下来。尽管你的追寻不可避免地会出现中断，但有必要永久维持住这一主题，即勒·柯布西耶所说的"必要日常连续性"。除此之外，你还需要会做一些白日梦和非工作性质的创作。

我们是否也能在你之前提到的那本出版于1999年的《艺术史》中找到相同的创作过程和技术？

事实上，在创作《艺术史》前，我也没有预先制定计划。这是一个逐页构建出来的故事，剧情发展更多是根据图画而不是文字，每幅图之间都联系紧密。我让我的创作欲望来引导创作。例如，我想把一个人物折起来放进纸

质信封，而这一想法通过图画完全被展现出来了，如果只是写下来，这个想法就显得毫无意义。这本书是我第一部在电脑上完成的作品，因为我很晚才接触到电脑。图画通常是以老式方法绘制，而这次创作是先用钢笔画图，然后进行扫描，再通过电脑进行四色——红色、黄色、绿色、蓝色的合成，有时会用Photoshop来画条纹状或网格状的网点。这种技术对我来说是一个巨大的发现，我发现可以用这样的方式画上成百上千页，这样的创作令我很愉快。事实上，我也确实画了很多页，这是迄今为止我创作过的最厚的一本书。但出于某种原因，我承认我有点贪婪，因为这本书最初是依据页面计算稿费的，所以我在合理的范围内使这本书的页数尽可能多！

故事本身充满曲折，可能看起来有点荒谬，但结局是美好的，因为主人公在经历了重重苦难之后，突然就迎娶了公主。

如果没有委托我创作的日本出版商，我可能想象不出这个故事和这些角色。当出版商来到我的工作室时，我正处于创作人物全身像的时期。三个特别大的人物引起了他的注意：探险家、另一个我和赤裸国王。出版商希望这三个人物成为本书的主角！很妙的是，当我开始起草这个三人组时，已经有了一个故事原型。由于当时我正在读弗拉基米尔·普罗普的《故事形态学》，在其中我发现了可供这个故事使用的框架和人物原型，而我大量地使用这些发现，这令创作变得非常有趣！

《艺术史》，塞伊出版社，1999年。

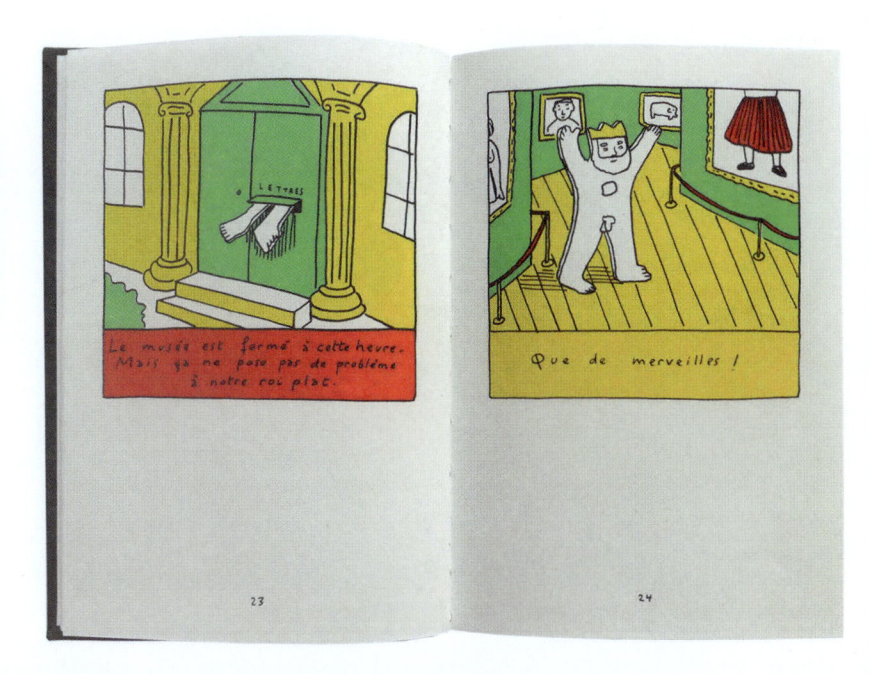

你是怎么想出《艺术史》这个标题的?

我不喜欢在一本书的封面上明确透露书中的内容。我经常这样为一本书定名,例如《我的爱情》或《动物》。的确,《艺术史》这个标题似乎具有误导性,因为面对着一本用非常朴素的深绿色帆布装订、封面上写着"艺术史"的书,读者肯定期待的是一篇论文而不是图画故事。但是,这是一个关于艺术的故事,所以并不完全是标题党!但我必须承认在装饰艺术馆的书店里看到它,并发现它被展示在艺术史类别中贡布里希的书旁边时,我真的很高兴。或许书商没想过打开这本书的塑封,不然我会更倾向于认为,他一定是在开玩笑!

这个故事的背后是否有什么象征意义?是否呈现了艺术家的形象?

尽管遇到了困难,这位年轻的艺术家还是拯救了王国,并获得公主的垂青——不仅因为他的艺术品位,还因为他的勇敢和正义——这些特质构成了一个我很喜爱的艺术家形象!对孩子来说,读这个故事是一种娱乐,他们可能无法有意识地剖析这本书的意义,但我希望有一些东西可以留在他们的脑海里。我小时候读过的书会潜入我的脑海,并停留很长时间。有一本翻译成荷兰语的丹麦语书让我印象深刻,但我一直没有找到这本书。这本书是关于两个男孩带着老式落地投影屏和一罐油漆四处游走的故事。每当他们发现自

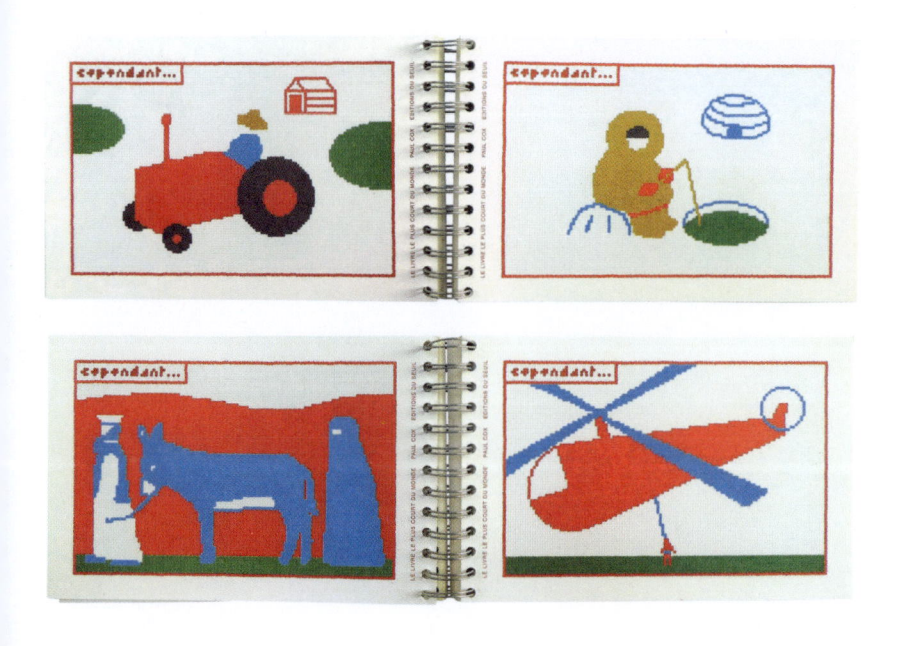

《当时》(世界上最薄的书),塞伊出版社,2002年。

己陷入了无法解脱的境地时，他们就会打开屏幕，在上面画一幅风景画，走进画中，然后消失。我意识到了这个故事的荒谬，同时这个故事也印在我的脑海中，因为我觉得它很棒。我认为，我在艺术实践中感受到的一部分魅力是在不知不觉中被这本书培养出来的。

在 2002 年出版的《当时》中，我们也发现了你所珍视的技术。

这本书谈到的是我们所有人共有的东西。我一直在寻找一种基于模块的技术，想要通过这种技术让图像的所有元素都有一个共同点，无论是一棵树、一个角色，还是一座建筑……然后我想到了分子。所有物体，所有真实的东西，都是由我们看不见的分子组成——从小时候这个想法就让我着迷。如果我们能看到最微小物质的组成结构，那就像一个真正的建筑游戏，而所有的物质都是由相同的元素经过不同的组合而成！我最初想以绣十字绣的方式拼接图像，这会使它们看起来像大像素图片。但我放弃了这个想法，一方面因为这个创意太乏味了，另一方面，我不喜欢用实物照片的复制品作为插图。最终，我觉得用这种技术很难准确把握颜色，因此，我选择了使用Photoshop软件进行"DIY"。我用Photoshop制作了《当时》（世界上最薄的书），我用一个个放置在网格上的大点创作了整本书。

cependant...
LE LIVRE LE PLUS COURT DU MONDE PAUL COX EDITIONS DU SEUIL
LE LIVRE LE PLUS COURT DU MONDE PAUL COX EDITIONS DU SEUIL
cependant...

cependant...
LE LIVRE LE PLUS COURT DU MONDE PAUL COX EDITIONS DU SEUIL
LE LIVRE LE PLUS COURT DU MONDE PAUL COX EDITIONS DU SEUIL
cependant...

cependant...
LE LIVRE LE PLUS COURT DU MONDE PAUL COX EDITIONS DU SEUIL
LE LIVRE LE PLUS COURT DU MONDE PAUL COX EDITIONS DU SEUIL
cependant...

cependant...
LE LIVRE LE PLUS COURT DU MONDE PAUL COX EDITIONS DU SEUIL
LE LIVRE LE PLUS COURT DU MONDE PAUL COX EDITIONS DU SEUIL
cependant...

你能跟我讲讲《当时》背后的创作故事吗？

在这本书中，我想谈谈分离。我认为这是我最严肃的一本书，我总是试图在作品中加入很多意义或象征——即使在那些看起来很轻松的人群中，也往往有相当严肃的背景。《当时》是由马恩河谷地区的组织委托出版的，它被要求内容必须是关于新生儿的，而不是有关受众本人的东西。我接到委托后试图在记忆中寻找我在很小的时候就有过的最强烈的感觉。我想到的是，当我还是个孩子时，在我的父母外出的时候，我完全不知道他们在做什么或说什么，这让我非常痛苦。让我害怕的是，我不知道他们正在经历什么，我也无法弥补这种分离。这是一种非常遥远的焦虑，而这种焦虑现在仍困扰着我。我想知道如何处理这个问题，所以在创作时我选择反向处理，像一个无所不知的人，展示世界上正在发生的一切。我逐渐想到制作一本活页装订的书，没有开始也没有结尾，这将展示出非常多样化的事物。在一个双页的两边，可能写着一个或快乐，或无关紧要，或极其悲惨的事件。为了突出快乐和悲伤形象之间的对比，我经常使用相同的形式或构图。虽然这本书涉及了一个非常个人且严肃的主题，但以非常简单的图画书形式被呈现了出来。如果你注意到了，就会发现一些细节，例如每六页时钟就会走完一圈，表明你正在变换时区。实际上，我们不是在时间中移动，而是在空间中移动——这是我一开始在所有设想之间犹豫最多的一个。

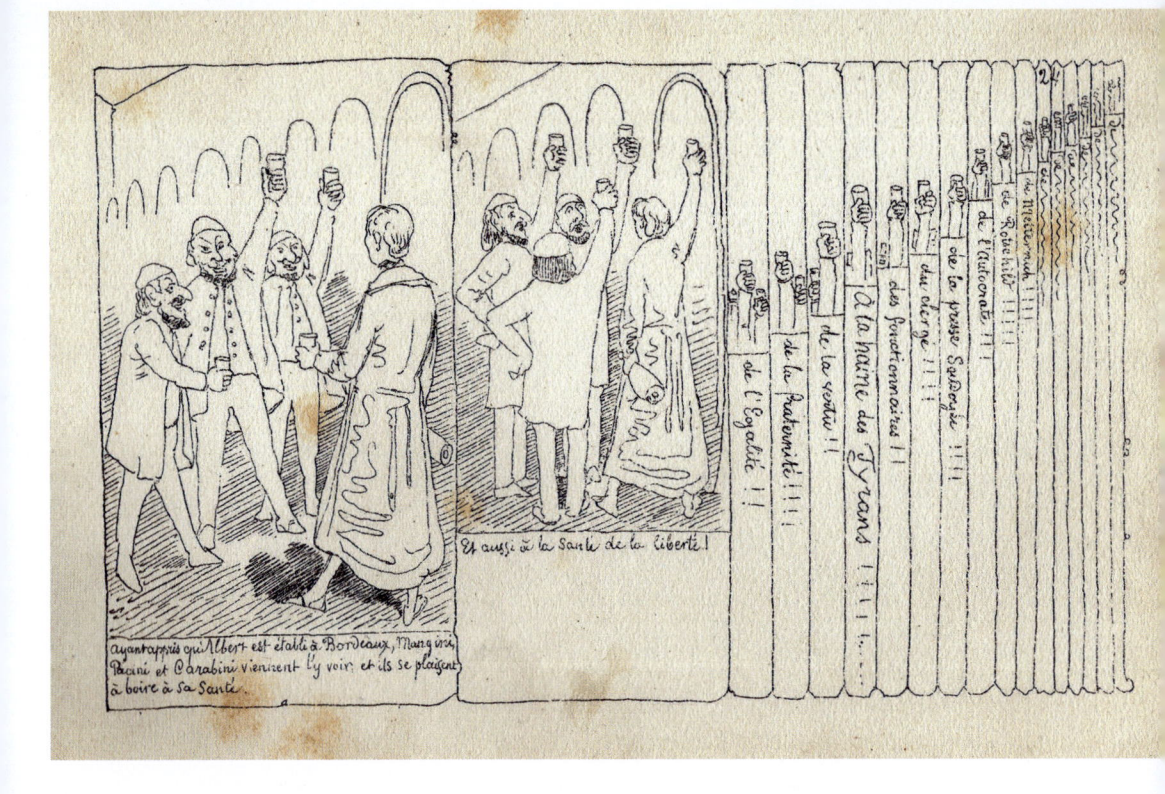

你创作的第一本书是怎样的呢?

我创作的第一本书是一本儿童读物,叫 L' Étrange Croisière du Pépercouque(《佩珀库克的神奇航行》),书中描写了一只名为阿基布姆(Archiboum)的猫变身成一名侦探,在一艘航行的远洋客轮上解决一个难题的故事。在《大象巴巴》系列前几本的故事中,登上船的各行各业的人中有一个名叫哈奇博特(Hatchibombotar)的清扫工,而阿基布姆这个名字是它的变形。

最后,我觉得这本书有点太简单了。当我意识到这一点时,我做了与必须做的完全相反的事。我买了一本笔记本,从第一页开始写,一直写到最后一页结束,这一切都没有任何计划,也没有最终目的。我一直在写写画画,笔记本里的图画和文字都混在一起。这样没有计划的写作是受到鲁道夫·托普弗的影响,我小时候就读过他的作品,我使用的绘图和写作工具的品位同样也来自他。长大后,我读了关于他的文章以及他写的文章,

上图,Histoire d'Albert(《阿尔伯特的故事》),鲁道夫·托普弗,1860年。右图,Les Aventures d'Archibald le Koala sur l'île de Rastepappe. L'énigme de l'île flottante(《浮岛之谜:考拉阿奇博尔德的拉斯特帕斯岛历险记》),Parution 出版社,1988年,阿尔班·米歇尔出版社,1991年。

其中解释了他是如何让自己被他的书写或图画引导而进行创作的。从一页到另一页，读者觉得他是没有计划的，但在我看来，以这种方式进行创作是合理的！我也效仿了我最喜欢的作家劳伦斯·斯特恩的创作模式，他是跑题和无计划创作的王者。

这种讲故事的渴望与你的童年有关吗？

我小时候去过很多次艺术展，但总有一个问题困扰着我：我看到的东西都很美，很吸引我，但这些作品最终只会出现在一个富豪的房子里，只属于一个人。这样的事实让我非常不舒服，我不是很喜欢这样的作品。

当我涉足童书界后，加上我对建构主义的兴趣，我认为我可以成为一名艺术家，为所有人，而不是少数特权者创作艺术作品，比如儿童读物或海报。从那时起，我开始更加认真地对待我作为儿童作家的工作。

书籍的发行量和流传度总是会使我振奋。例如，一本印了2000册的书，通常会有超过2000人看到它。对一幅画来说不太可能有这样的流传度。然而，没有什么相互矛盾的，我永远不会停止绘画，就像我永远不会停止制作书籍和海报一样。正是在这些实践中，我找到了创作的幸福和喜好间的平衡。

我写故事并不是一件自然发生的事。老实说，我开始在这个领域谋生时，并没有制作儿童书籍相关的素养（除了看过《大象巴巴》《贝卡西娜》、托普弗的书以及《丁丁历险记》）。一路走来，我开始觉得创作童书令我兴奋。我的父母肯定给我们讲过故事，但我认为他们经常编故事，我记得那些故事，但不记得具体是哪几本书。

　　允许我在这里说点题外话，因为我意识到我的三本儿童书籍的标题都与法式甜点有关，它们与我的童年记忆有联系。我的第一个职业是糕点师——这个职业与视觉艺术或出版几乎没有联系。我很快就停止了对这份职业的热情，因为家里没有人吃我做的蛋白酥皮或飘浮之岛，所以只有我吃，我觉得有点丢脸。我终于不再做甜点，但我早期的童书《佩珀库克的神奇航行》《浮岛之谜：考拉阿奇博尔德的拉斯特帕佩岛历险记》中还是提到了糕点。"Pépercouque"是荷兰语的姜饼，"rastepappe"在弗拉芒语（比利时荷兰语的旧称）中意为大米布丁——我的外祖父每周日都会为下一周准备七碗大米布丁，而我仍然对漂浮之岛很不拿手！

因此，对漂浮之岛的这种兴趣激发你想出了一个神秘的故事，这个故事出现在阿奇博尔德历险记系列中。你特别喜欢曲折的情节吗？

　　在我看来，写神秘故事这种有点简单化的方式似乎是构建剧情的最佳方案，而且，由于我还有着英国人的一面，所以对我来说，穿格子西装的侦探形象似乎是必不可少的！我的计划是制作一个长系列，但由于种种原因，我只制作了四本。

阿奇博尔德已被改编成为卡通片，这种改编需要你的参与吗？

　　阿奇博尔德确实被改编成了卡通片，而且改编非常成功。卡通片有很多集，我记得一共有52集。制作组的工作量很大，因为原图很粗糙，要改编的话，需要确定人物的精确大小。因此必须重新构建正面、轮廓和侧面，这是一个真正的团队工作。我与我的妻子奥德一起制定了改编参照标准并监督了剧情制作。当然，我们只是接手了一个现有的故事。

除了《考拉阿奇博尔德》这个故事系列，你的每本书都有很大区别。是因为规律性的创作让你感到厌烦吗？

我不会考虑去创作非常常规的作品，因为我害怕会陷入固定方式或重复中。

我认为创作不止为了传递一条信息或因为有什么要说的，它需要以某种先验的、视觉上的灵感来作为开端，然后故事主题自然就会出现。

同样，当我看一个图像或一幅画时，我首先关注它的形式，然后才关注它的意义。例如，当我还是个孩子的时候，我很喜欢看《丁丁历险记》，但我很难集中精力在故事上，因为我完全沉浸在图像中。另外，我还对这本书的第62页很着迷，因为这是最后一页，我尽可能慢地看，让这一页晚一些出现。我陶醉在插图中，直到把故事情节都忽视了。同样，我在博物馆里待上几个小时，但无法说出德拉克洛瓦的《萨达纳帕拉之死》代表了什么，因为我没有理解它。

因此阅读没有文字的故事对您来说不是问题，是吗？

我的祖母是一名画家，她会制作一些拼贴画，每年圣诞节送给哥哥、姐姐和我。这些拼贴画很棒，其中的元素都是祖母根据灵感从杂志上剪下来贴在笔记本上的。拼贴画使我完全着迷，尽管我喜欢读丁丁的故事，但我还是花了更多的时间看这些拼贴作品。它们非常漂亮，旧杂志的印刷赋予了它们美感。我认为它们给了我很多启发，因为我花很多时间去看，又胡思乱想了很多。我不知道是什么引导我的祖母完成了这些作品，这很神奇。她是一位非常时髦的女士，她曾经的作品也非常经典，并充满智慧，但在她的拼贴画中有一些非常超现实的东西！我们觉得通过制作这些册子，她可以尽情发挥自己的想象力并从中获得乐趣。从她的作品中，可以看到她对十字布和十字绣的热情，我认为这就是我兴趣的来源。如果说我的祖母是一个严肃的人，那她的丈夫就是相当古怪的人。

由保罗·考克斯的祖母制作的拼贴画册。

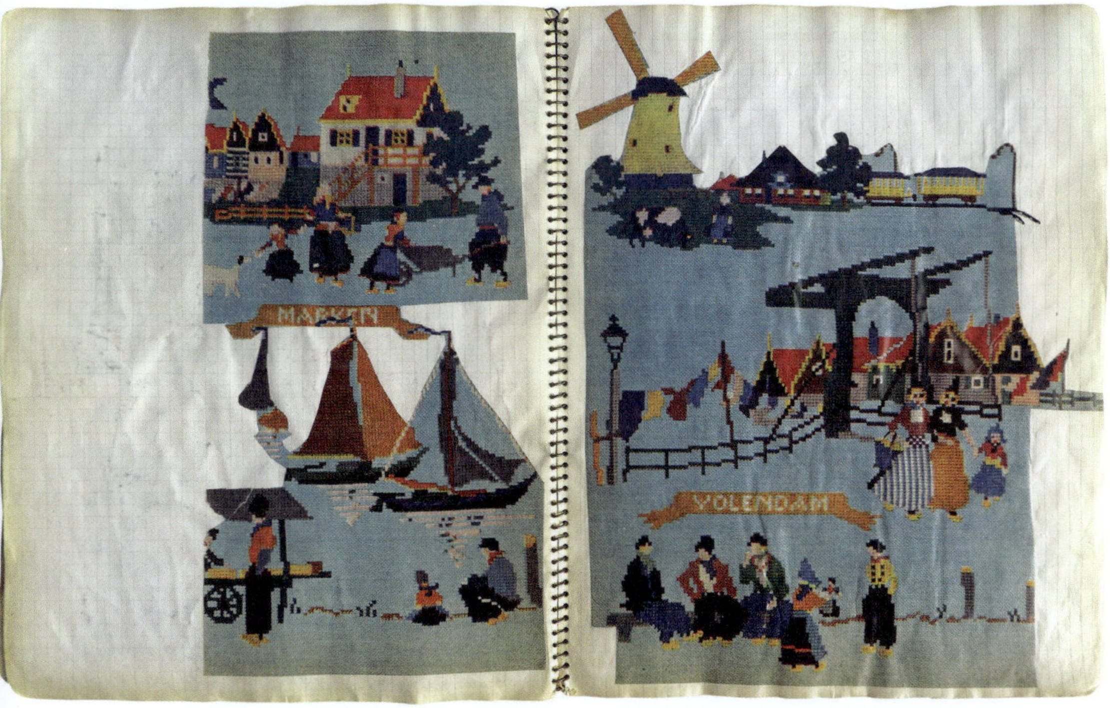
MARKEN
VOLENDAM

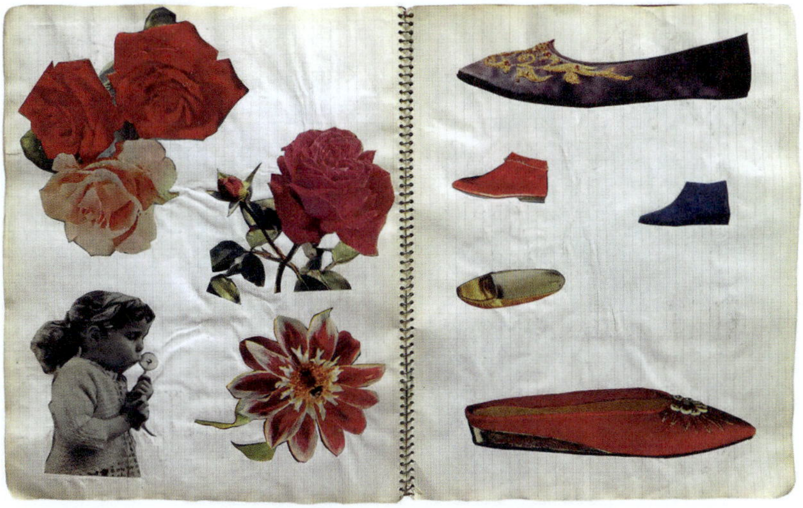

你的祖父也活跃在艺术界吗?

我的祖父是画廊老板,他在海牙有一家画廊,他就是通过艺术认识我祖母的。祖父曾以他了解的奥斯卡王尔德和陀思妥耶夫斯基为主题举办过讲座。后来他做了商人,但我认为他的商业头脑并不好,所以他时而富有,时而破产。他是一个非常有趣的人。我的母亲信奉天主教,每周日都会带我们去参加弥撒,时不时她会委托我祖父带我去,但我祖父为了抗议,就在大家坐下时起身,在大家起身时坐下。我感觉很羞愧,但同时又觉得很有趣。他做事就是这样。有时当我们留在安特卫普时,他会带着我的姐姐、哥哥和我在港口散步。他让我们冒险下到干船坞的底部,这太棒了!我们在那里留下了很多回忆。他没有把这些事告诉我父母,因为他知道这样的话他们就不会再把我们托付给他。他是个奇怪的人,做的事也很古怪。例如,当我们拉着他的手走在他身边时,他的手一直绷直并保持僵硬,所以我们像握着一只假手。这把我们吓得惊慌失措,他自己却大笑起来。

你祖母的拼贴画册里有文字吗?

这些册子里没有文字。我祖母的拼贴画册很像克拉斯·奥尔登堡年轻时做的,她用从杂志上剪下来的图片创造了一个想象中的城市。顺便说一句,我一直对奥尔登堡的画作着迷,因为这些画作展现出与古代大师相媲美的精湛技艺,轻松和流畅的线条构成了我眼中的理想画作。

上图,奥斯卡·杰斯珀斯,亨德里克·考克斯(保罗·考克斯的祖父),石膏像,1919年。
下图,由保罗·考克斯的祖母制作的拼贴画册。
右图,《编码信息》,自行编辑,1997年。

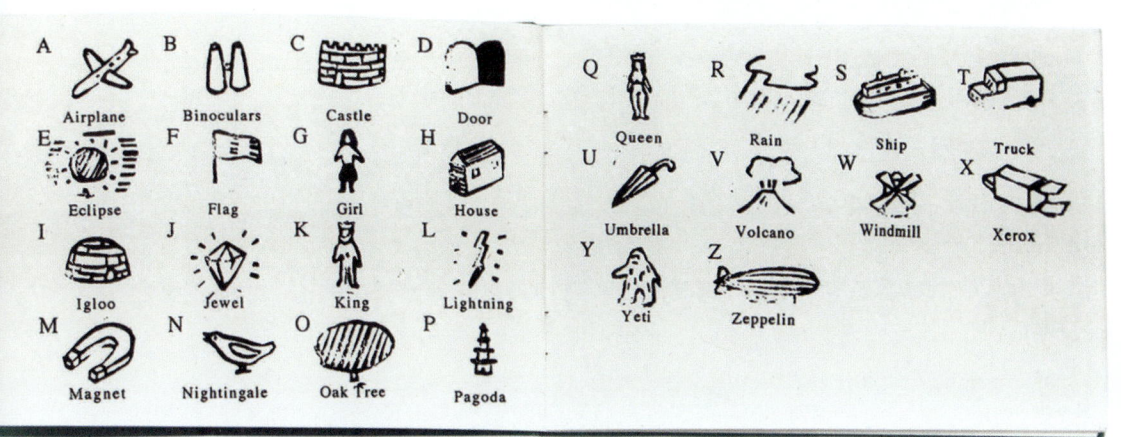

我刚刚读了**A Cyphered Message**（《编码信息》），这样的书缺少文字说明可能会使读者感到困惑。这算是一个设想的尝试吗？

正如其标题所暗示的那样，《编码信息》是一本密码书。字母表中的每个字母都由一个物体或一个人物表示，每一页都构成一个需要破译的句子，有点像一个画谜。书里内容包括与字母相对应的物体/人物，并且为了便于阅读，这些物体和人物都分别被编了一个代号。例如，冰屋代表"i"，雨伞代表"u"，雪人代表"y"，等等。这些元素组合在一起可以写出"我爱你"这样的句子，同时也会组合成一个我以前从未想过的独特图像。因此，它不完全是一本没有文字的书，因为图像就是文字，反之亦然。

3

Alikuja asubuhi lakini hakukaa: sana. Hapakuwa sni, *Darjeeling* ndoo *Orange Pekoe*? Neno hili si kweli, bali ni nongo kabisa.
- Mbeek! Mbeek! walisa Stibibi, watoto.

你的另一本书*Nisome Hiki*几乎算是一本没有文字的书,因为其中的文字无法理解……

我的许多书都避开了我不会讲故事这一弱点。这本书没有明确地讲述任何事情,只有一系列图像,并且就像一个食谱一样,由读者来创造他们自己的故事。文字部分是用假的斯瓦希里语写的,因此难以理解,但其中穿插了一些清晰的线索——专用名称、数字、时间或距离的指示——帮助读者想象图像的含义。我像个孩子一样拿着一本笔记本一页一页地写,并因此重新产生了一种非常幼稚的想法,即"假装写一本书"或是说"写一本书玩"。

事实上儿童的世界在你的作品中占了主导地位。

人们经常向我指出这一点,但我并没有真正意识到。可以肯定的是,当我开始画画时,我的心态和小时候一样。在这个空间里有一种绝对幸福的形式,它完全是被创造出来的,充满童心。

我喜欢让自己创造出前一刻不存在的东西,就像魔术一样。这种沉浸在实践中的方式有非常神秘的一面。

在一种紧迫或必要的形式下，我们设法调动逻辑思维或语言推理之外的概念。例如，在绘画思想中，有些事情比弹奏乐器要复杂得多。在这些时刻，我们的思维速度非常快，并且形成了意想不到的联系。这种状态很像喝醉酒，在我们看来平时没有联系的元素之间会突然出现明显的联系，它们的相遇创造了一个新的线索，所以我从不觉得我创造了什么。当有人发现宝藏时，人们会称他发明家，我喜欢这个定义，我偏向认为发明家是发现已经存在的事物并将它们重新组合在一起的人。我对发明家的印象大概是这样：他们不是发明新元素，而是寻找已经存在的东西来赋予它新的生命。

你能跟我谈谈你的 *Petit Théâtre alphabétique*（《字母小剧院》）吗？

我的许多书都是应时出版的，通常是出于刊物展览需要，而并不是经典书目，有时还可能与主题相距甚远。《字母小剧院》伴随着我在马赛的Fotokino工作室的展览，以及我的艺术装置《游乐场》第一个版本的展出而出版。这本创意手工书汇集了我喜欢的三样东西：字母代码、舞台布景，还有纸质建筑。我所有的常用元素都有一个清单，例如梯子、路标、桥梁或砖墙。这些元素中的每一个都对应着字母表中的一个字母，就和我们刚刚谈到的《编码信息》一样，因此人们可以事先将按字母顺序排列的草图剪切或粘贴，拼出一个单词或一个句子。

《游乐场》,马赛Fotokino工作室,2015年及2016年于蓬皮杜社艺术中心展出。

09

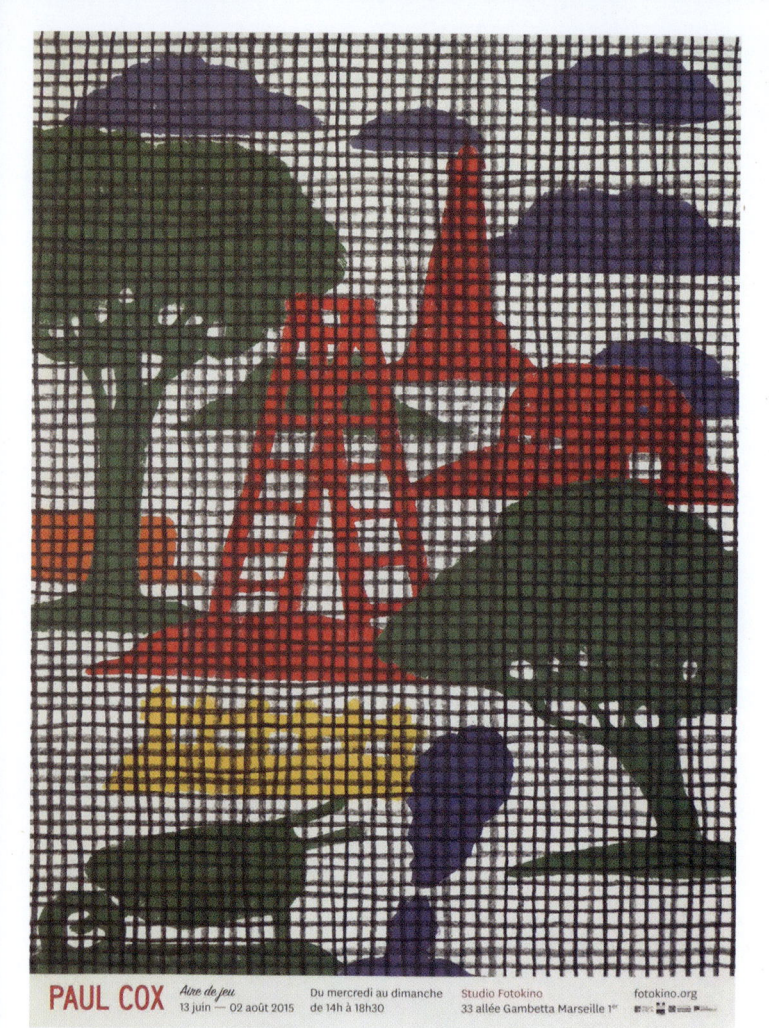

《游乐场》海报,马赛Fotokino工作室,2015年。

《字母小剧院》,马赛Fotokino工作室,2015年。

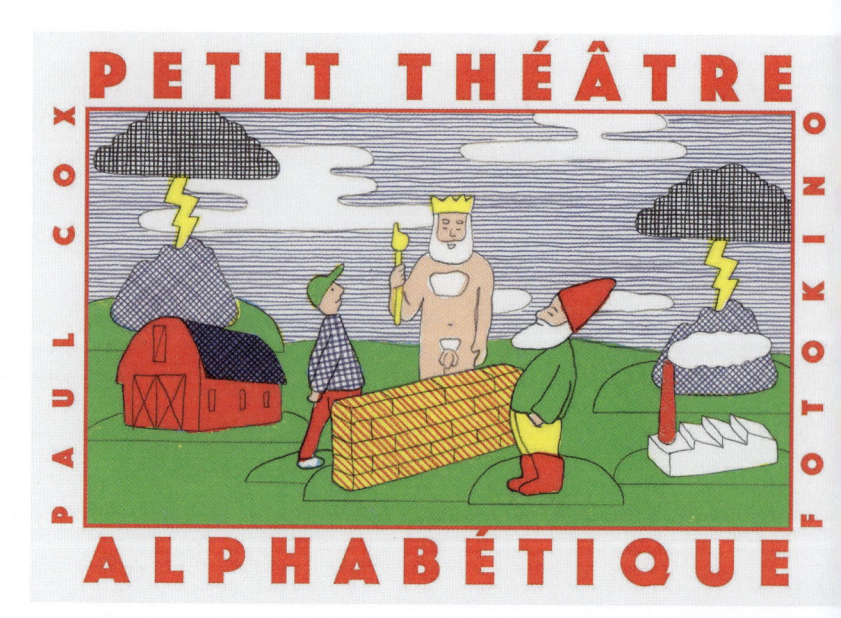

桥、梯子、砖墙是在你作品中反复出现的元素,就像"赤裸国王"一样。为什么它们经常出现?

"赤裸国王"是安徒生的故事《皇帝的新装》中皇帝的再现。国王以为自己已经穿上最好的服饰时他是赤身裸体的,但他的随从奉承他,没有人敢告诉国王他完全没穿衣服。这个角色对我很重要,他会提醒我不应该盲目地听从人们所说的一切。在他身边的是一位伟大的探险家,这个角色也经常出现在我的作品中,他提醒我们必须对世界保持好奇,并持有开放的心态。其他反复出现的桥梁、道路、河流、砖墙也是如此,这应该被视为一个长期的积木游戏。我父亲常说:"即使是一片草叶也会投下阴影。"我喜欢这样的想法,没什么是无用的,为了实现大事或小事,你必须慢慢地一步一步来,因此砖墙象征着耐心和毅力。我花了很长时间才使自己在工作方式上变得不那么冲动。另外,我意识到,很多时候一个行为,即使它本身是浮躁的,如果执行人是冷静的,那么这个行为可能也会变得冷静。例如,德·库宁的绘画速度与人们想象的正相反,他的创作是非常缓慢的。

颜色在你的作品中也是一个非常重要的因素,是吗?

博纳尔说,理性的绘画工作是从色彩开始的。"绘画是感觉,颜色是论证。"颜色不仅仅是直观的抒情,而且是巧妙的对比,当然可以根据经验来使用颜色,但如果通过学习和理解,就可以对颜色有更进一步的认识。

博纳尔似乎有用不完的方法,在同一幅画中,他用几乎可以说是令人眼花缭乱的自由方式来丰富绘画的可能性。相比之下,我认为近期我最喜欢的画家维亚尔要更加谨慎。

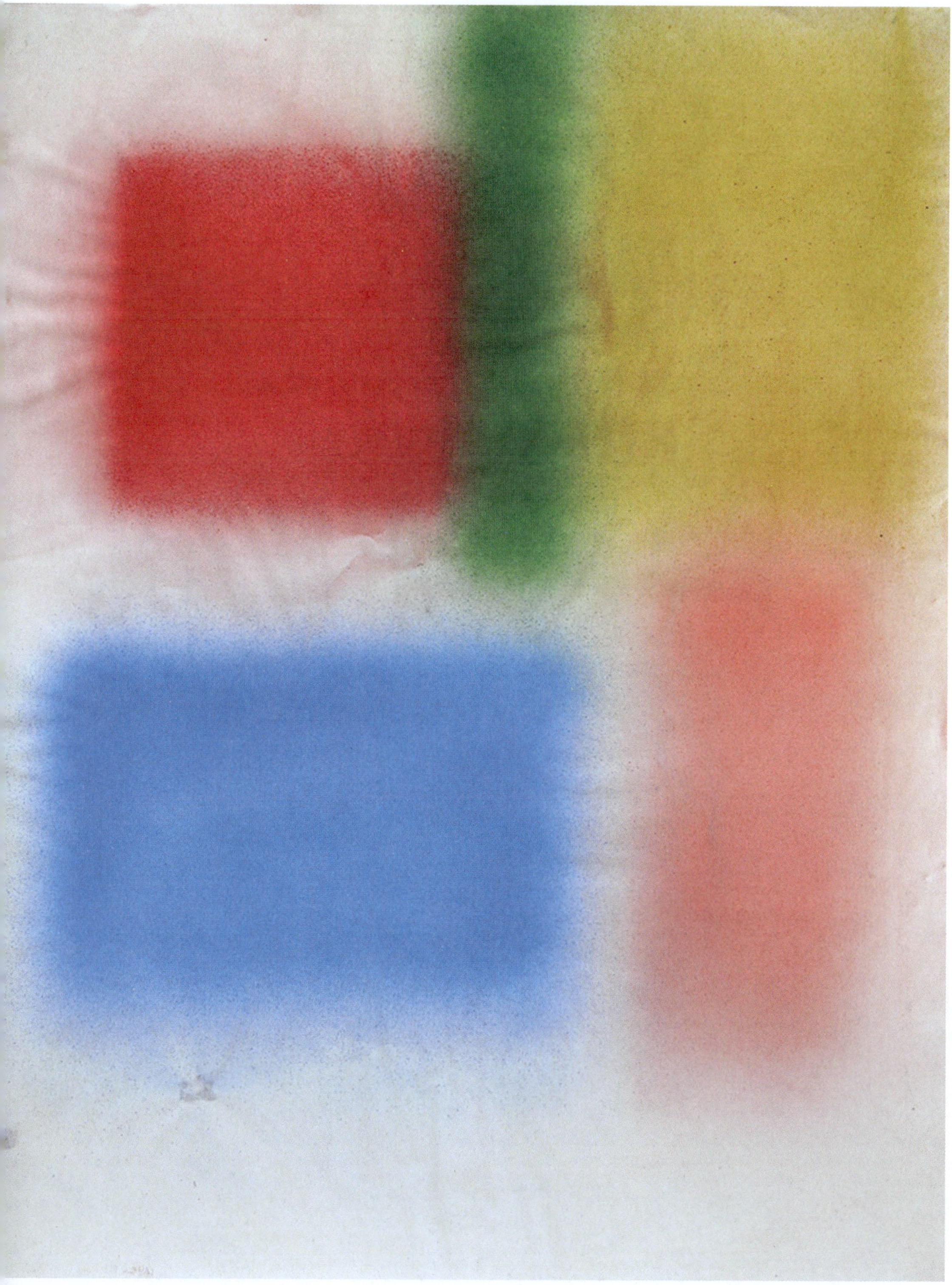

我的小提琴老师在我很小的时候年纪就很大了，他非常了解维亚尔。他有一个四重奏团，有时维亚尔在工作室画画时，他会过去为维亚尔演奏。看维亚尔的画册全集时，我发现了一幅小画，画中可以看到我的老师在演奏。我的老师非常喜爱我，他把他的小提琴送给了我，这把琴的背板非常特别，带有非常罕见的纹路，在这幅画中我可以毫不犹豫地认出这把琴。我的小提琴出现在维亚尔画作中让我很高兴，当我看到这个乐器时，我就知道维亚尔听过它的演奏，我觉得这真的很令人感动！

维亚尔是一位天才色彩大师，而你的小提琴曾与你最喜欢的画家之一"做过伴"，这很特别。正如我们刚才提到的，色彩对你来说非常重要。我知道你出版过一本书——L'Art de la couleur（《色彩的艺术》），黑白印刷的。

这本看起来很严肃的小书，是对约翰内斯·伊顿的《色彩艺术》和约瑟夫·阿尔伯斯的《色彩的相互作用》的模仿，只不过这本书都是黑白的。封面上有一个"线索"，它展示了青色、品红色、黄色和黑色在不同栅格中有方向、有间隔的转换。这本书中有对作品的分析、对继时对比和同时对比的解释、对如何画好阴影的建议等，非常严谨。和我一起制作这本书的出版商是我的好朋友，他主要出版黑白书籍，我想通过一本没有颜色的、最荒谬的书来跟他开个玩笑。

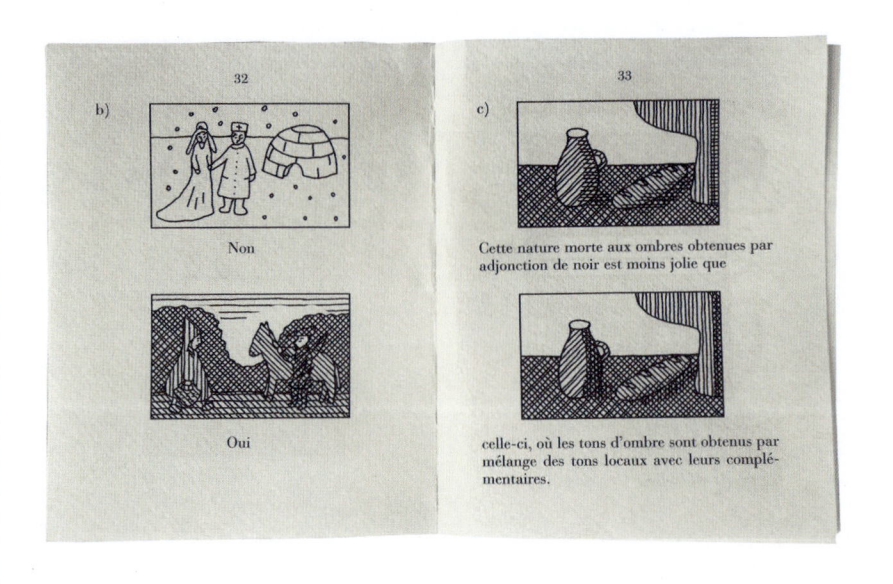

前页，纸本丙烯画，每张160×120厘米，2002年。
上图，《晨间音乐会》，文蒂米利亚广场，维亚尔，1937—1938年。
下图，《色彩的艺术》，小皮埃尔镇，布鲁塞尔，1996年。
右图，《建筑积木》，蓬皮杜艺术中心，2005年。

你的作品经常有诙谐的一面，而这与更严肃的背景相平衡。除了阿奇博尔德系列，你的儿童读物似乎能够面向所有观众，你的装置项目也是如此吗？

在我看来，几乎是一样的。我认为不应该专门为儿童设计装置项目，我总是努力确保我创造的东西尽可能公开，并让尽可能多的人感兴趣。例如，我在蓬皮杜艺术中心制作的《建筑积木》虽然是响应了一个特定的要求——这是一个为儿童展览馆创建的项目，但我想将这个提案的受众群扩展到最大。与卡普乐积木或经典建筑积木游戏不同，我故意以某种粗糙的方式锯开、切割木块和泡沫块，因此它们没有完全垂直的边角。这样的话，我们就不能按预先计划好的方案搭建装置，例如摩天大楼或小木屋，只能建造材料条件允许的东西。这种对材料特殊性的考虑在我的艺术创作中似乎是必不可少的，我想以一种有趣的方式来体现这一概念。

同样，我被要求专门为儿童制作一个装置作品，放在位于兰斯附近的廷克斯儿童创作中心。我的想法是简化图像且保留观赏距离。这个创作中心曾经是一家便利店，室内保留了原有的瓷砖。我受瓷砖地面的启发，从而想到像素网格，于是我切出了地砖大小的厚塑料方块。我们的想法是直接在地面上用像素制作图像——这并不容易，我们对此深有体会。所以我在房间里安装了一个瞭望塔，可以让孩子们爬上去看已制作完成的图像，或正在制作的图像，这使孩子与装置间有一定的观赏距离。瞭望塔顶部安装了一台照相机，这个照相机可以记录创作的过程。每位参观者都可以自己拍摄照片，并将照片挂在展览厅的墙上。

就像你刚才提到的一样，你的大多数艺术装置都是交互式的，这是为了响应赞助方的要求，还是因为要让大量观看者感受你的创作原则？

受众对我来说是一个相当复杂的问题。

我真的不是缺乏好奇心，但有时我宁愿不知道公众如何去体验该装置！因为我很清楚我的装置作品的用途是不可预测的。

公共空间装置作品在我记忆中所带来的影响与预先策划的完全不同，这种反差可能很有趣，但有时也令我很痛苦。所以我很久以前就放弃了控制公众对我的作品的态度。我发现理解公众为什么喜欢或不喜欢我的装置作品很难，而且作品中有太多外部因素会影响公众的判断。

我承接过很多工作委托，委托方的需求构成了一种先验约束，可能会使我不能专注在我感兴趣的事物上。在我看来，困难在于无论如何都要设法去做你想做的事。有时很难找到一个好的平衡点，但我总是将约束以及需求说明中有时令人惊讶的要求视为一个来测试我会不会自发找到创意或表现形式的机会。

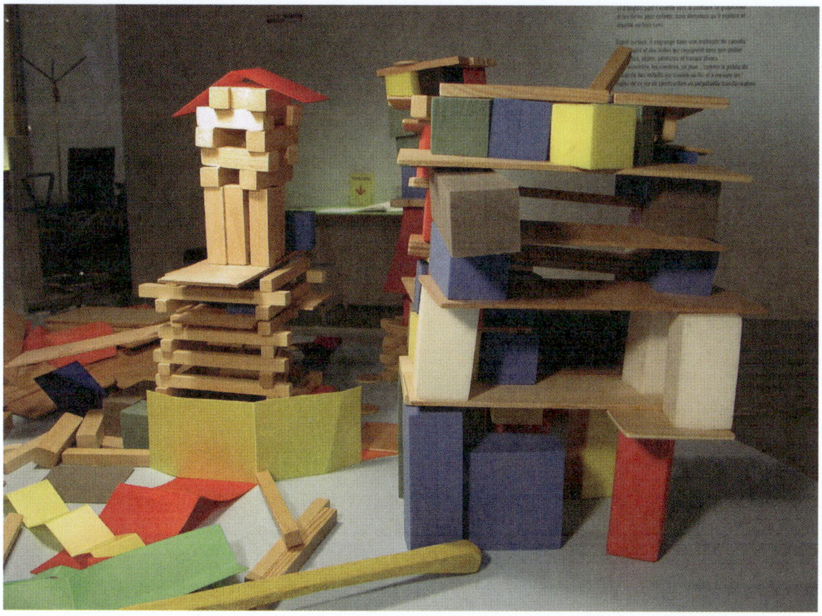

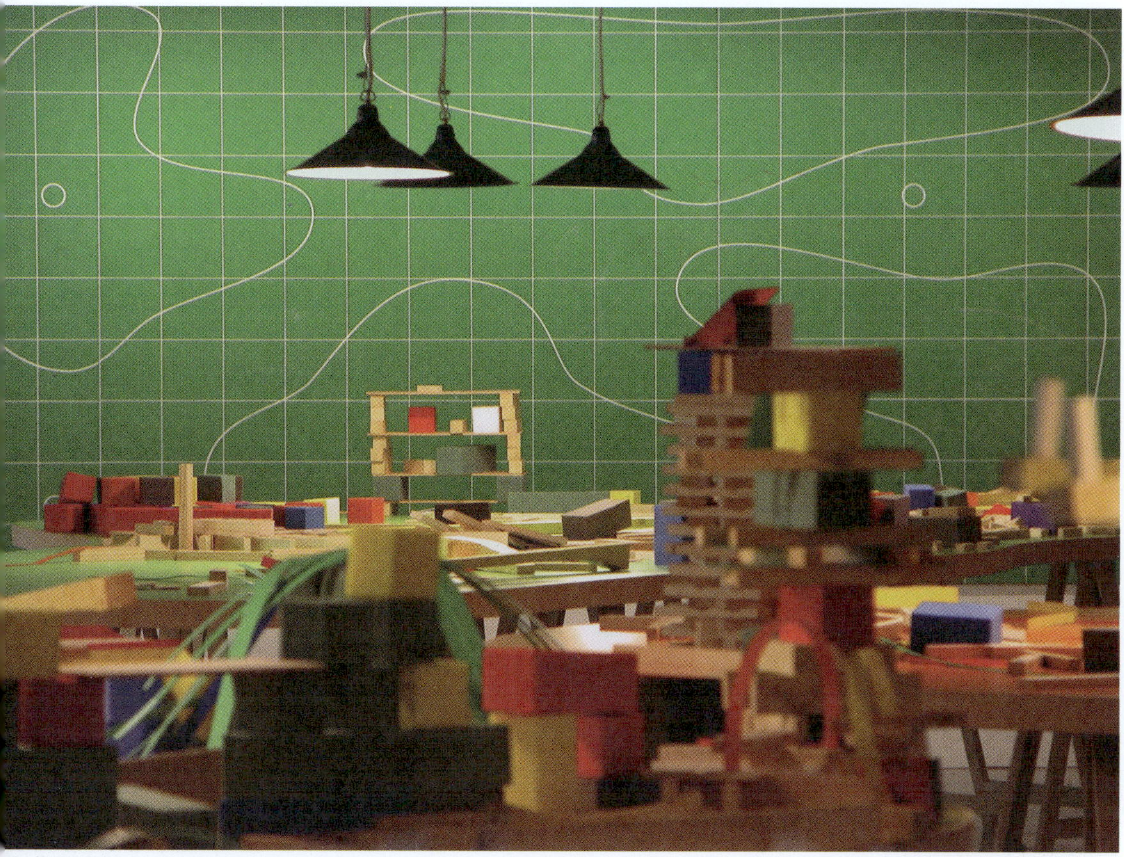

你经常谈到在每个创作项目开始时准备或研究的漫长过程。这一阶段对你来说是最有趣的吗？

一个项目的开始往往确实是最令人兴奋的，因为这是一切都在沸腾的时刻，一切都充满可能的时刻。正是在此期间，我创造了工具或系统，然后作品几乎可以自行完成。由菲利普·格拉斯的音乐伴奏的《阿姆佛》（本杰明·米派德的芭蕾舞剧）当初在巴黎加尼叶歌剧院上映，我曾为该舞剧创作过舞台装饰。当初，我为这个项目设想了一个简单的背景投影——一部由两个条纹网格组成的抽象动画电影。一个网格是垂直的，另一个是水平的，每个都有不同的颜色和网眼。两个网格非常缓慢地滑动，从而产生不同的光线和形状。准备和制作网格的工作非常漫长，但是一旦创造了这个工具，作品就会自行产生。其出现的形状不是我意愿的直接结果，而是通过两个网格之间的一种意想不到的、几乎不可预测的相互作用产生的，因此，它是一种自生成或自成型的装置。这类项目经常让我想起伊夫·罗伯特导演的电影《快乐的亚历山大》：亚历山大在他的床上慵懒度日，他的身边都是滑轮。每个滑轮都有自己的功能：当他拉动把手时，一个滑轮让他不用起身就可以打开窗户，另一个会传送给他一个火腿作为午餐……只是，为了达到这种至高无上的幸福状态，他不得不付出很多努力来设计这个装置——我在这个角色中完完全全地看到了自己。

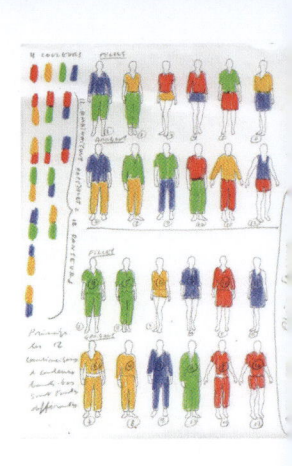

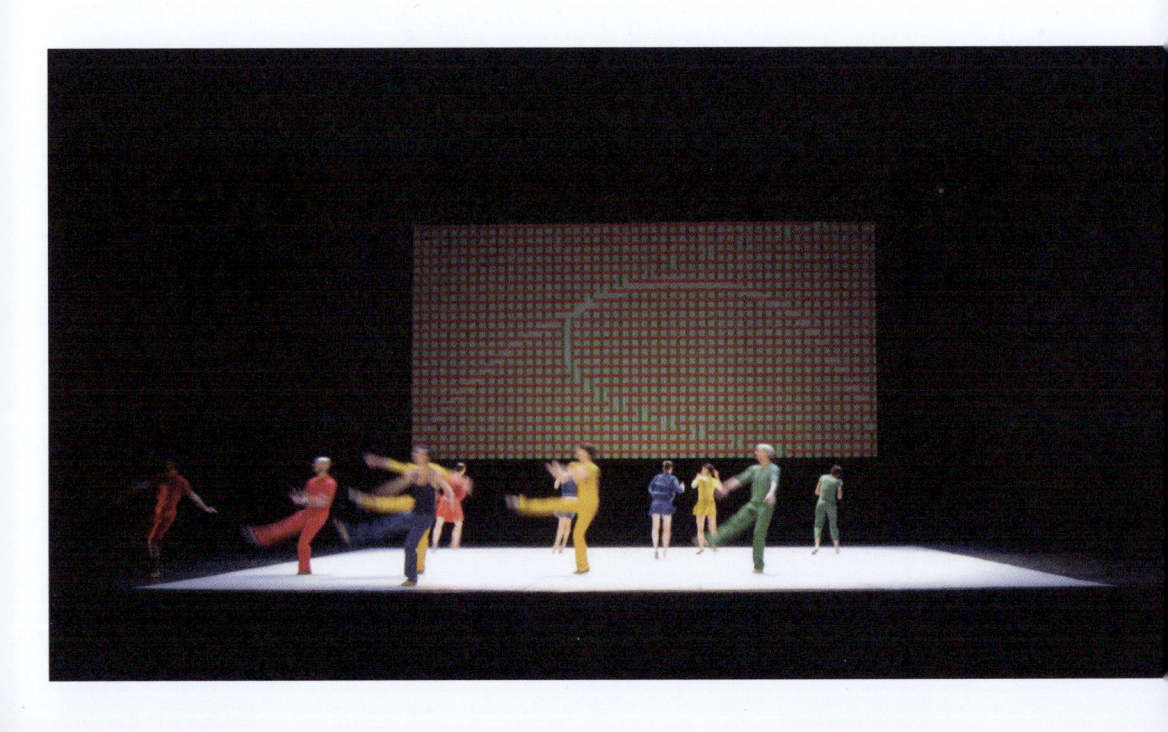

爱与机遇（无规则社交游戏），Coxbox公司与Corraini出版社联合发行，巴黎—曼图亚，2000年。

你的创作过程给人的印象是一切都准备得很好，没有偶然性的余地，但其实并不是这样。我听说你甚至想象过一款名为"爱与机遇"的游戏，那这个游戏的规则是什么？

这个游戏里有画着游戏地图图案的小三角形纸板，其中包括道路、湖泊和池塘。玩家可以以任何顺序将三角纸板排列在桌子上，但无论三角形的位置如何，道路总是相互连接的。这些道路旁边刻有单词，每张卡片上都有一个单词，随机首尾相连，形成句子。这些单词是男性或女性的名字、副词、表达消极或积极感受的动词。因此，我们会得到诸如"简每天早上崇拜苏菲"或"苏菲越来越觊觎安娜"之类的句子。如果你想了解你朋友的想法，这个游戏可以用作占卜游戏。特别的是，如果你感兴趣的名字没有出现在盒子中，那么你可以用其中的一些万能卡，在上面写下卡片中没有的名字。

左上图，《阿姆佛》服装设计图，巴黎加尼叶歌剧院，2006年。
左下图，《阿姆佛》舞台布景及服装（本杰明·米派德编舞，菲利普·格拉斯配乐），巴黎加尼叶歌剧院，2006年。

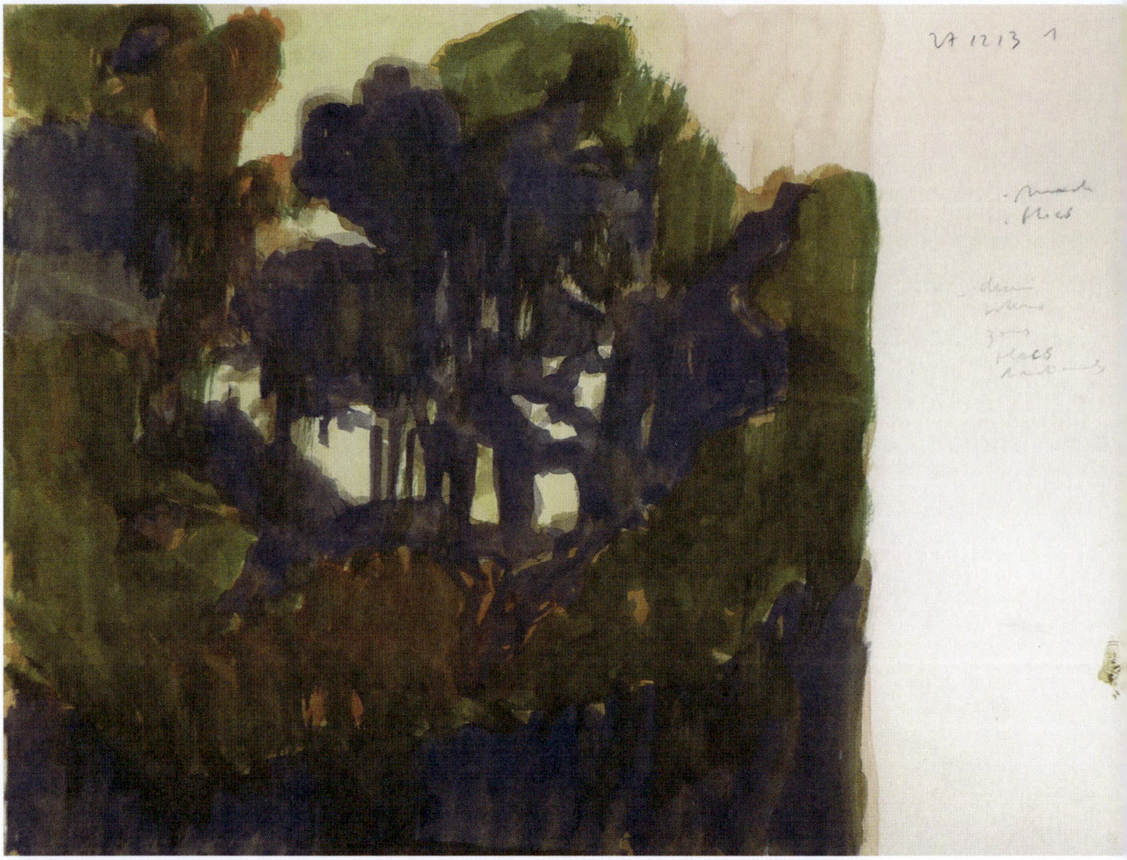

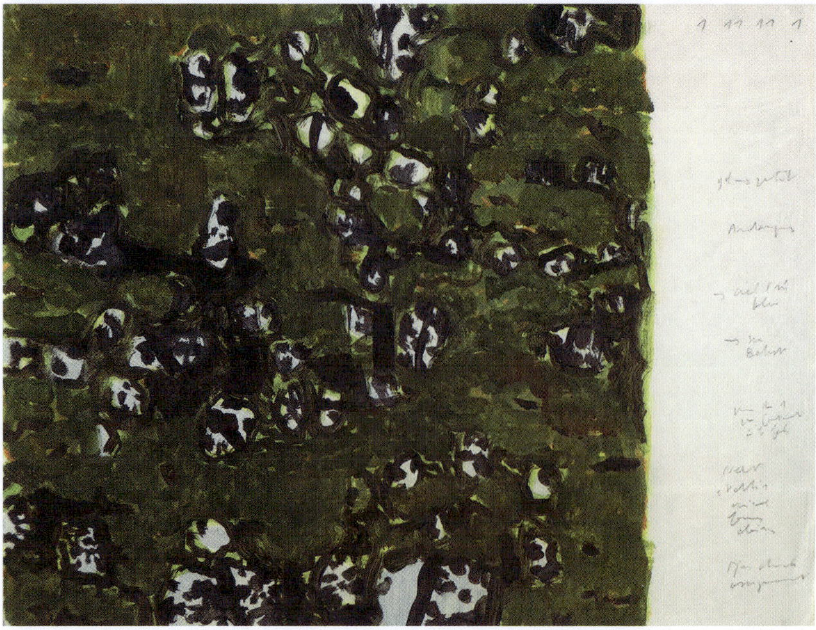

我们已经讨论过的"规则"概念在某种程度上定义了你所有的作品,而且在你的画中也可以看到这个概念。你如何处理这种介质?

在我的绘画作品中,观察训练非常重要。很多时候,我会在每天创作的小画的页边空白处记下注释,然后将其扫描到电子文件里——这些是真正的学习。我会将接下来打算做什么以及我一般不会做的事情写下来。我还会将在工作中发现的技术解决方案或想法记下来。任何一个大学生读这些笔记时都会会心一笑,因为我经常写一些大学第一年的学习原则!这些都是不时砸中我的"发现"。在实践中,它们对我来说非常重要,因为它们可以在很长一段时间内指导我绘制其他图画。我还注意到我参考了许多艺术家的相关资料,并且我打算更进一步研究这些资料。

这些笔记还可以让你在技术上接近不同的可能性……

每天开始画画前,我会花很长时间来盘点前一天的工作,看看我目前进行的程度如何,以及想要达成什么目标。我真的很喜欢思考更具概括性的问题:我为什么要工作?我要如何工作?这些想法一直伴随着我,但当我开始工作时它们就会停止。然而,必须有一个理性的部分,也就是一种保持清醒的意识,让我在绘画时可以做笔记。当我画画时,我的心境不是狂喜或陶醉,而是一种深深的平静,所以我的内心总是有理性的一面,让我可以反思自己在素描绘画或水彩绘画中的思维方式。我做笔记,因为我知道这些是我会忘记的,就像有人晚上产生了一个想法,会马上写下来,生怕早上醒来时这个想法不见了。

你的方法非常有条理,几乎可以称得上是教学法。

我的绘画方式,就像我其他工作一样,确实很有条理。我会在同一个角度反复确认,走近画面或是稍稍移动。通常通过这种"公正"的、没有一个特定目标的方式工作,我会重新发现自己所珍视的可塑性原则。目前对我来说其中最重要的是"点"。

我意识到在素描或水彩中，我都更喜欢用分散的点，而不是线条或连续的平面来构图。我喜欢出现在这些点之间的构图真理，内部行话称之为"连接线"。

这方面的精彩案例可以在萨姆·弗朗西斯的巴黎时期或罗斯科的"多形式"时期的画作中找到。我不将我的日常水彩和素描绘画作为作品或是草图，因为这只是一种实践和探索的练习。

你进行这些研究时，是否有特定的过程或顺序？

我会按照某种惯例来进行这些研究，使每一天都成为前一天的延续。

当我开始工作时，我会依据前一天的工作内容建立延续的计划。我总是有一个精确的起点，包括在工作的规划阶段。例如，某一天，我可能会对明暗度感兴趣，同时我还需要给作品上色，那么我会从最暗的颜色开始画起——这是一个真正有条不紊的技术流程。

这种工作方式也符合我对游戏的执着，或者说是对游戏规则的执着——一个精确的框架可以让我安心，并且更自由地即兴创作变化。

当我多次画同样的一棵树时，除布局有非常微妙的变化外，其他几乎一样，这时我体验到了孩子玩移画印花的乐趣。然而，这种创作方式仍然非常严肃，我从中获得了柔软和力量。并且，这种创作方式还能让我细化角度，发现初稿中的不足。我曾在哪儿看过：桑贝曾重复画同一幅画20次，为了表现出我们所知道的脆弱的简单性。此外，在中国书法中，重复也是一个关键概念。

所以，游戏规则的限定反而会给你更多的自由吗？

正是如此。另外，规则还与时间问题相关。有些游戏规则可以让我更快地开始工作：当我开始时一切都准备好了，就像在一个整洁的车间里。我不必摸索，所以不会浪费时间。例如，当我只有两个小时可以外出画画时，我会为自己制定一个计划，让自己可以立刻开始画画。因此规则是很宝贵的。

我觉得我所有的工作都受到了游戏规则的约束，不然我不知道该怎么做。而且，我也不会决定什么时候放弃规则。

可能是在一场三个小时的会议或四五次改变之后，我会发现一个有趣的新线索，然后我就把这条规则抛开，让自己朝着一个新的方向前进。

除了规则，你认为在你的绘画作品中还有什么是重要的？

我的执着之一是明度，即色调的亮度。颜色很重要，但在我看来没有明度重要。我在寻找相近的明度上做了很多工作，例如，尝试将整个图像的明度限制在非常有限的范围内。这是非常有趣的体验，也是非常需要脑力的劳动。纳比派在明度上做了很多努力：在克尔·泽维尔·鲁塞尔或维亚尔的绘画中，我们经常看到被改变的明度。他们并没有忠实于观察到的实景，这使画面更抽象且具观赏性，我非常喜欢这样的改变。

柯罗和维亚尔都是我喜欢的画家。近年来，我对他们做了很多相关的研究。柯罗说过，虽然这可能看起来很不可思议，但要简化你想画的风景，必须将明度降低到20。他说得好像很简单，可这让我们看到了他眼中的复杂性。对明度如此灵敏的感知并不常见，这有点像人的绝对音感。尤其对孩子来说，通过明度进行思考并不容易，我也是很晚才发现它们的重要性，这对我来说很难，而我还在努力。

小时候，我曾去巴黎现代艺术博物馆参观过艾德·莱因哈特的展览，

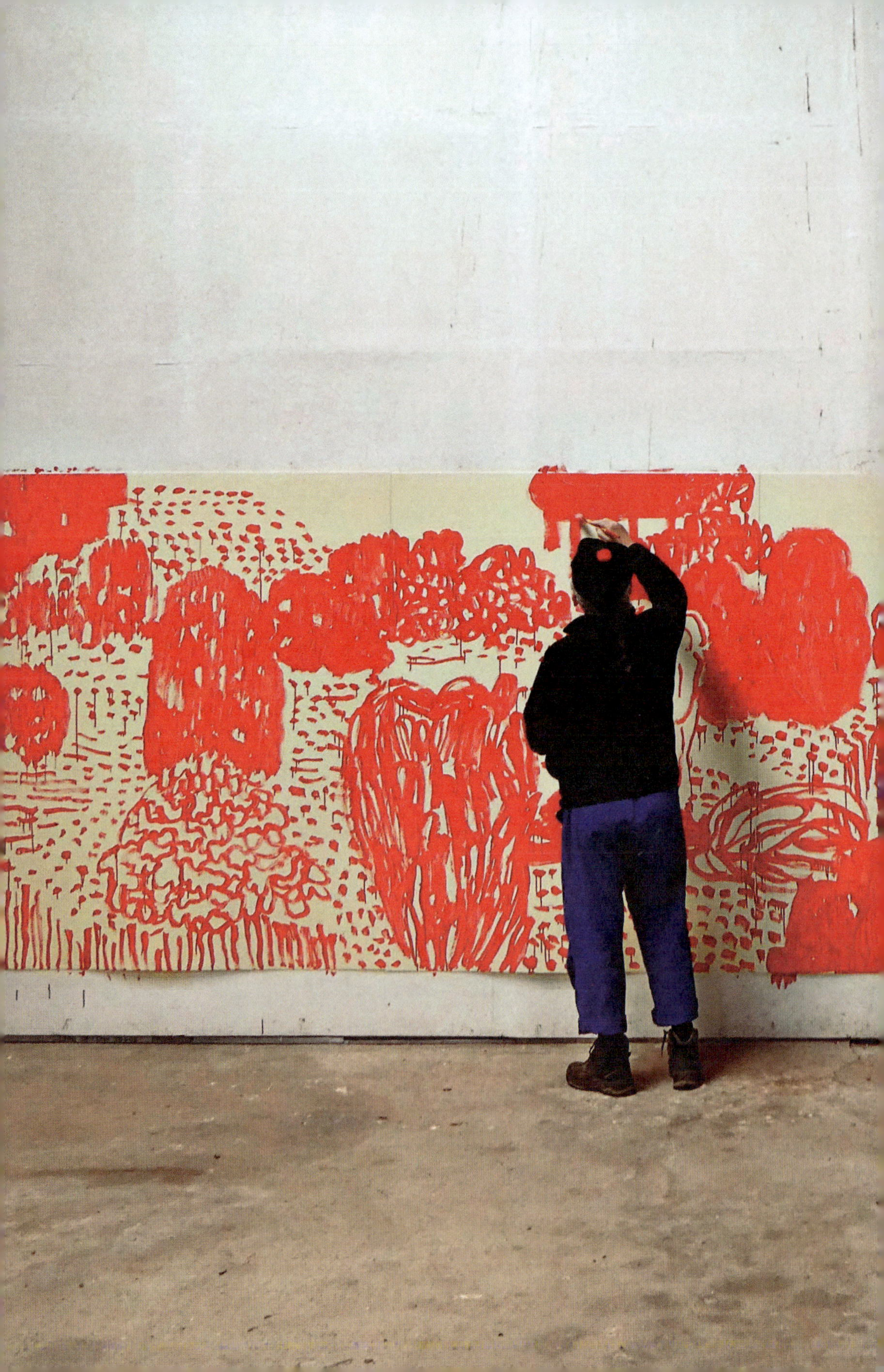

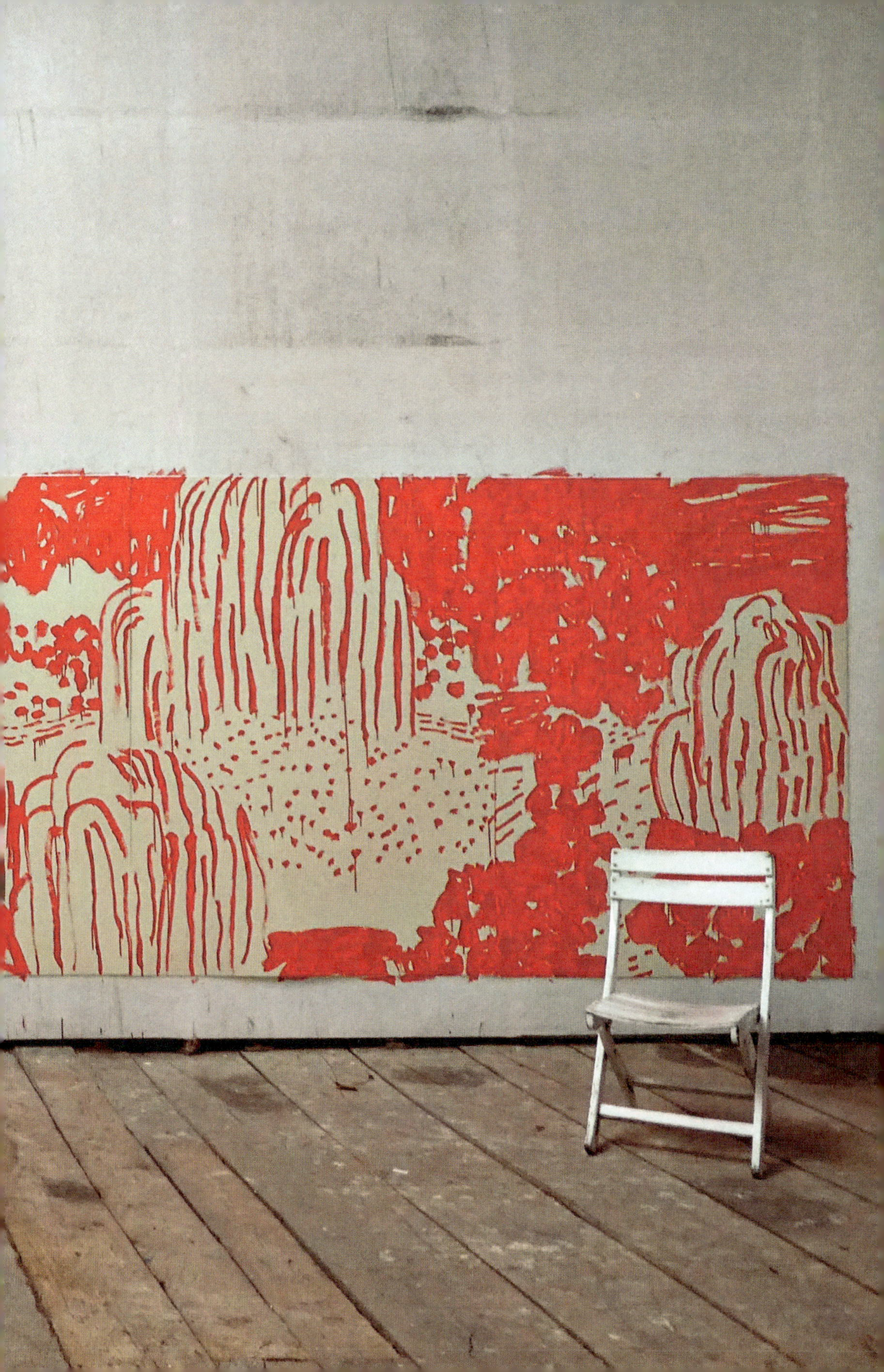

当时我对这个艺术家一无所知。我仍然记得那些巨大的房间，展示着看似全黑，但实际上并非如此的画作。那天，我通过长时间观察这些作品了解到，这些画作中包含了很多有细微差别的明度。这是一种非常优美且精致的图像制作方式，对我来说，这是一个真正的启示。

所以我脑子里有很多想法，仿佛有一整个图书馆，我想以自己的方式进行试验。我对工作的热情在很大程度上来自我在其他艺术家身上看到的东西。

一个我喜欢的展览会让我处于一种难以形容的兴奋状态。

我不认为生活中还有什么能让我如此快乐！在那样的状态中，我迫不及待地想要更富激情地投入工作。我是一个非常好的观众，我可以在看一幅画时获得极大的乐趣，即使是一幅我觉得不那么出色的画！

我喜欢绘画，喜欢图像，从小就喜欢。这件事没有改变，我也希望永远不会改变。

前页，为蒙特勒伊书展上MeMo出版社的摊位所创作的画作，pvc发泡板丙烯画，工作室版本，2018年。

下图，《动物》，布面油画，每幅150×150厘米，工作室版本，1995年。

纸本水粉，每张297×221厘米，2019年。

纸本丙烯画，每张200×150厘米，2018年。

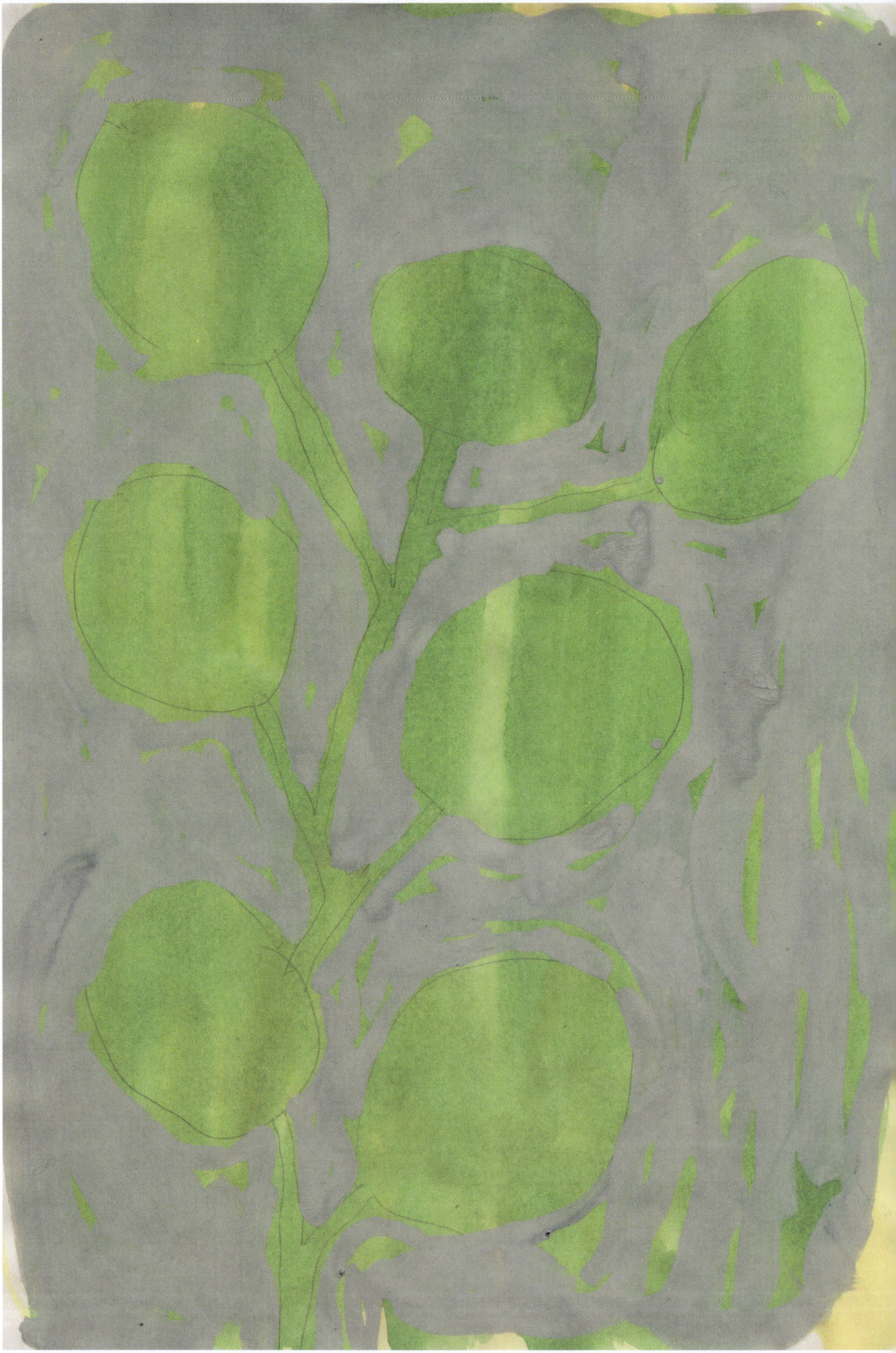

左图，纸本水粉，297×221厘米，2019年。
右图，纸本水粉，63×59.4厘米，2018年。

支架的问题在你的绘画中很重要吗？

我很喜欢在纸上作画，也许是因为受皮埃尔·阿列钦斯基的影响。我经常在120×176厘米大小的海报纸上作画，然后将其装裱起来。我真的不喜欢在绷好的画布上作画——我不喜欢不柔软的画布。所以我更喜欢像博纳尔那样：把画布钉在墙上，完成后再把它们固定在画框里。

我在乡村画了很多画。我的谷仓里有一个很大的工作室，然而，这一整个房子里的大部分房间仅用于工作。当在巴黎时，我没有时间画画，所以经常在电脑上画项目草图。我在最早的构图基础上做了很多变化，并保留了一些版式和图层，看看它们能给我什么样的灵感。

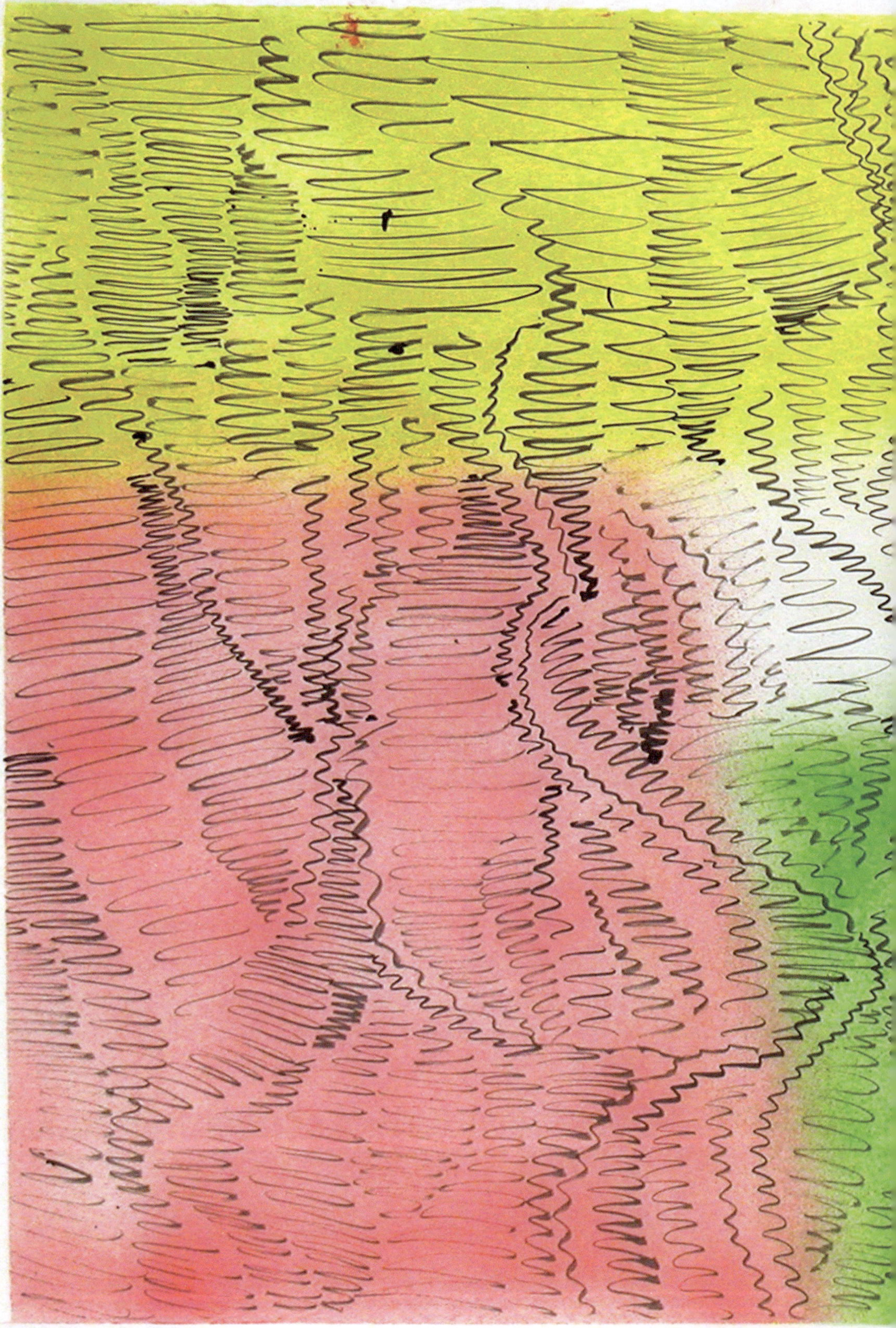

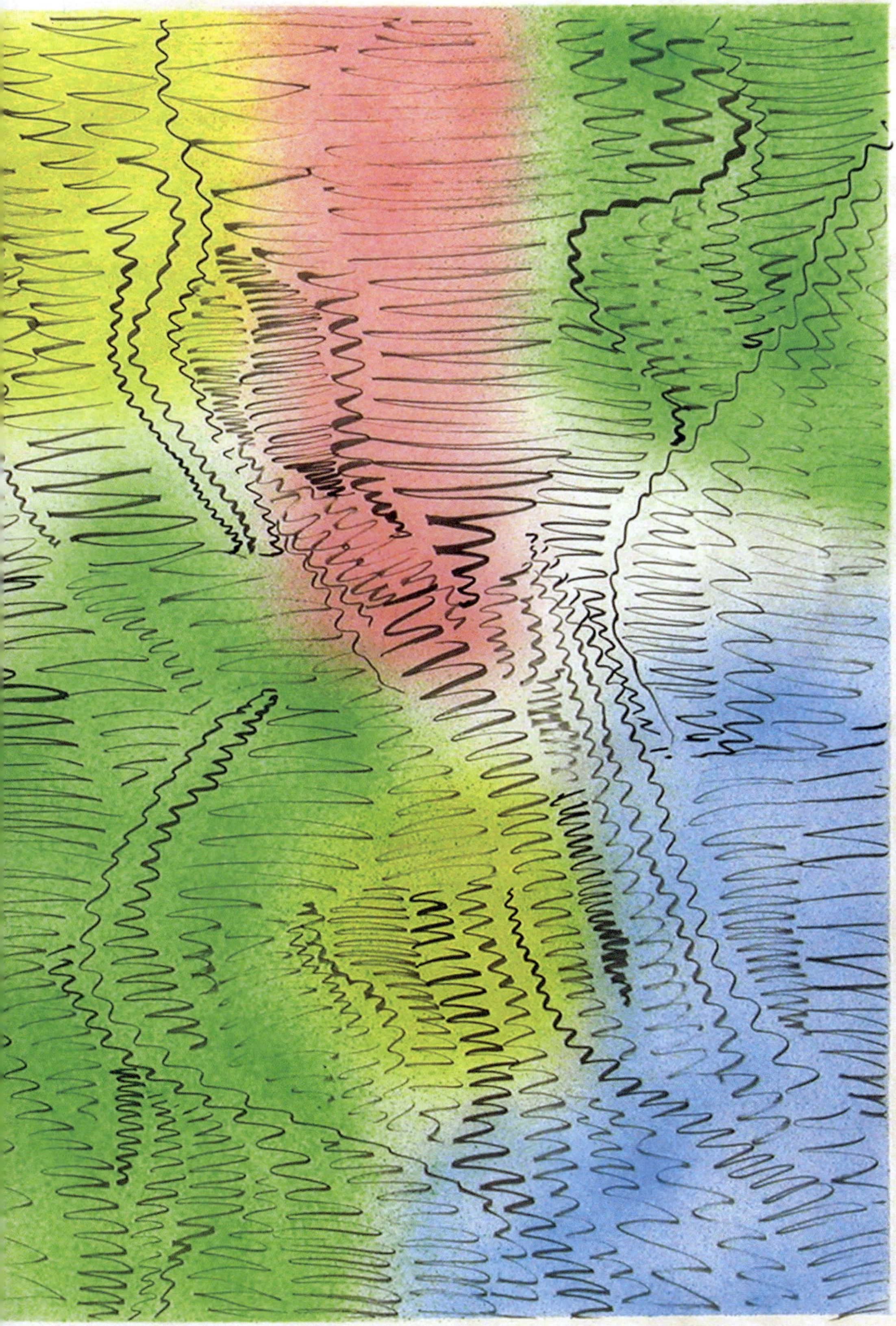

我用大尺寸画布画了很多作品，而小画则是我根据日常的观察创作出来的。我从少年时期就开始对大尺寸画充满热情，这无疑是出于我对美国绘画的兴趣。在我看来，大尺寸画会使我们降低对绘画对象的关注度，从而更沉浸在这幅画里。相反，在一幅小画中，构成绘画对象的一切会成为非常明显的存在，因此，画中的一切都必须得到完美的安排。同样，大幅面也会体现出一些物理性的效果。不久前，我去看了我非常喜欢的中国画家丁伟雄的展览，除绘画作品外，他还创作了许多等身大小的大型书法作品。当你面对这些巨幅的作品时，真的会有一种物理效应，仿佛自己能感觉到风或听到声音一样。另一方面，即使这些书法的复制品非常漂亮，但这种与尺寸相关的物理效应会消失不见。还有一个例子，那就是我同样很喜欢的画家佩尔·柯克比的一幅大型画作，它在画面上就会使人产生一种置身于广阔风景中的感觉。

前页，《曲折之旅》，致敬托普弗，纸本丙烯画，120×160厘米，2003年。

上图，伯努瓦·博纳迪松-菲特（外号"美味薯条"），蓬皮杜艺术中心，2018年。

与伯努瓦·博纳迈松—菲特共同创作，蓬皮杜艺术中心，2018年。

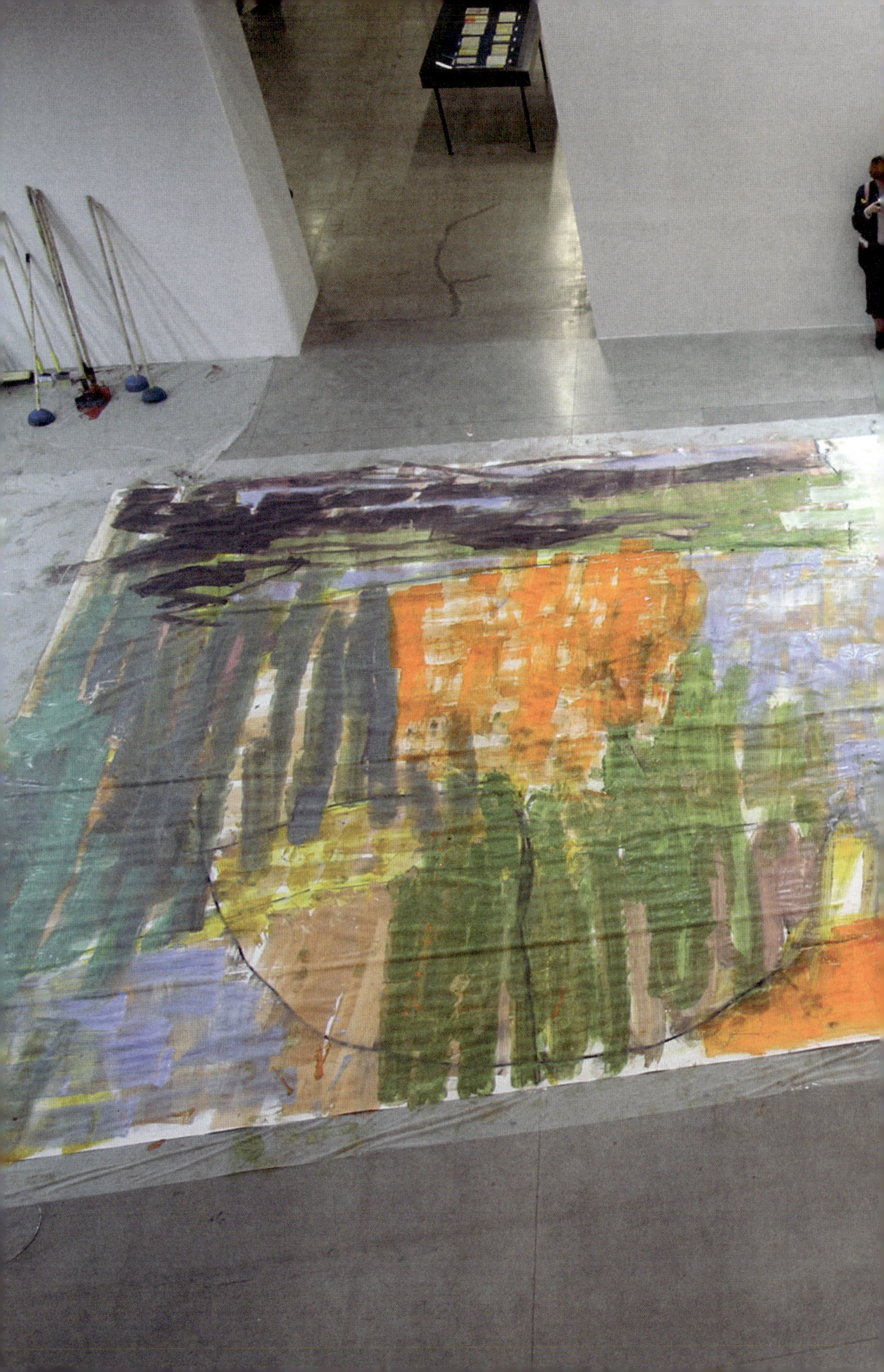

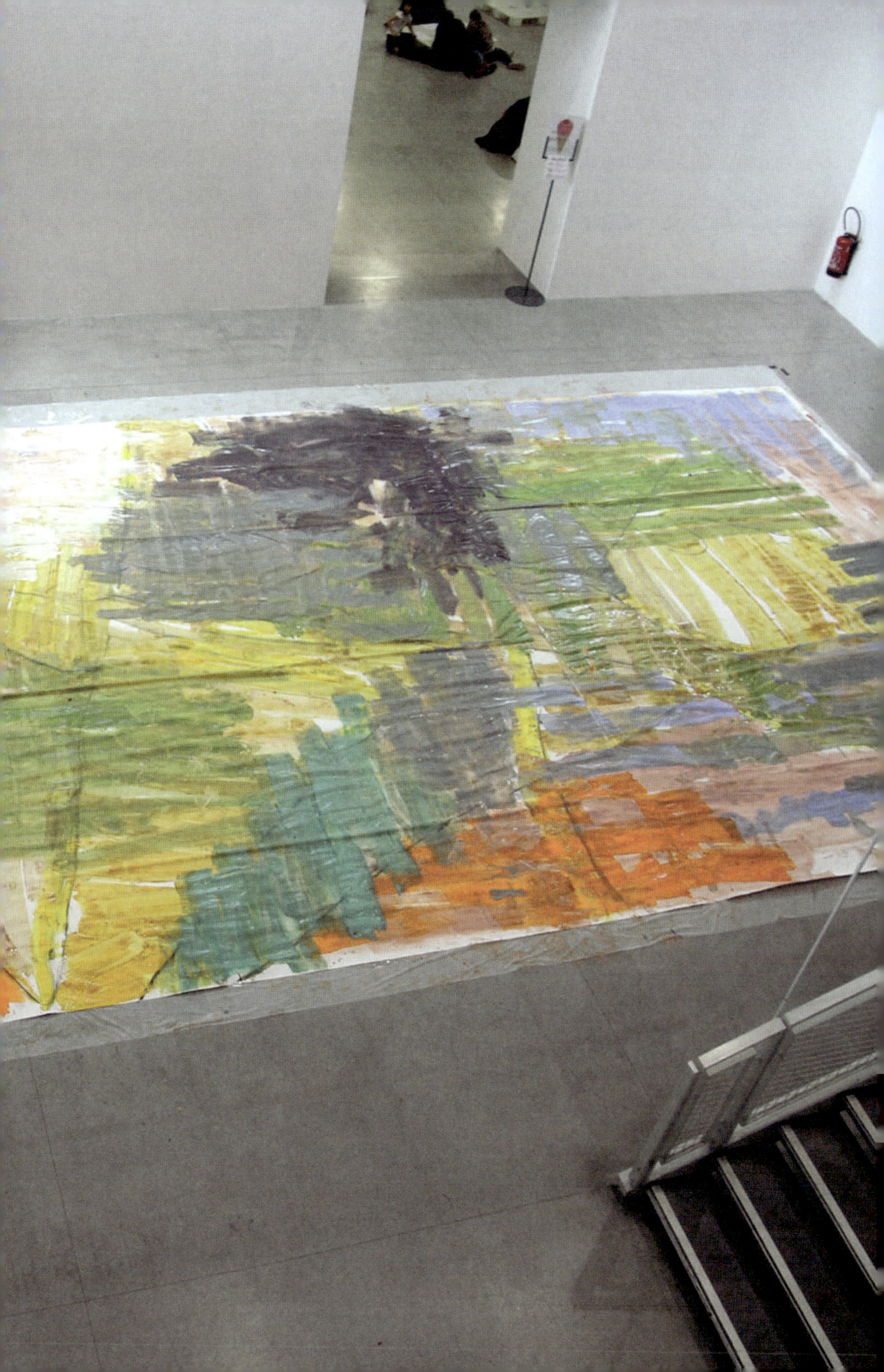

这种与画布的物理关系为观众提供了进入作品的可能性。正如你之前所说，观看者在你的大多数项目中都很重要。那么当你作画时，关于观看者的一些问题是否也会激发你的创作灵感？

无论我做什么，我都始终牢记一个重要的标准：把作品当作礼物。我一直认为，我所做的作品应该好到可以匹配上我爱的人，这对我来说是一个非常重要的驱动力。所以"观看者"的问题是存在的，并且是一种激励。这种"礼物"的概念也来自我的家庭传统，因为我们总会把各自的作品作为礼物互相赠送。很长一段时间里，我会把自己的画作作为礼物，有时还会附上一首引用的诗文。

小时候，这些作为礼物的画作可能是我临摹的——我确实临摹了许多凡·高的画作以及夏尔丹的静物画，而且我会去了解它们是如何被绘制的。我在这里说点题外话，因为"临摹"是一种我从来没有谈论过的练习，而它确实滋养了我。令我奇怪的是，这种通过临摹的学习如今已完全成了禁忌，然而，这真的是一个很好的学习过程！有两个参考范例可以支持我的观点。一个是中国书法。学习中国书法，临摹是必经之路，这不仅是为了学习字形，也是为了吸收大师的精神。

前页，与伯努瓦·博纳迈松－菲持共同创作，蓬皮杜艺术中心，2018年。

下图，纸本水粉剪贴画，25×32.5厘米，2006年。

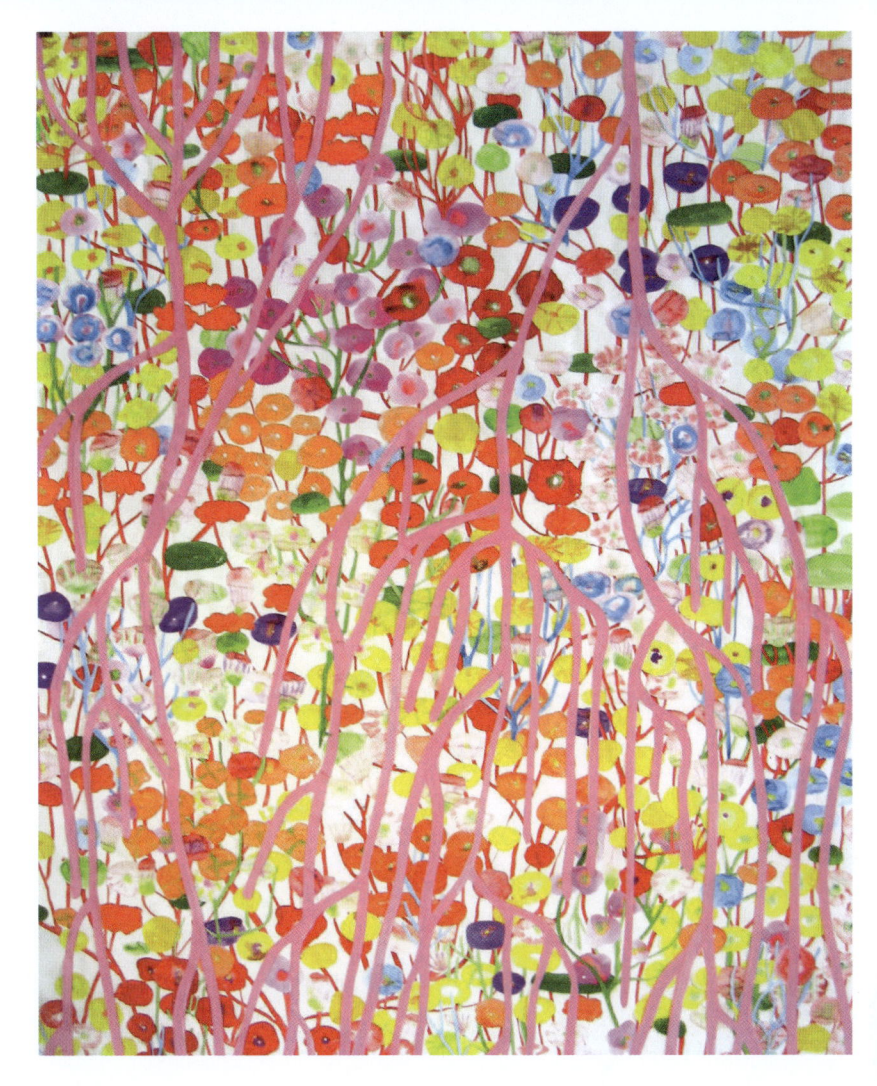

纸本水粉剪贴画，176×120厘米，2006年。

　　另一个是在我读小学（或重修课程？）时，蒂埃里·德·迪弗提出的非常有趣的教学理念。他特别谈到了临摹，并建议"以某种特定的方式"进行创作。我的祖父曾临摹了一些画作送给别人，他不顾常识做这些事情，并且总是依据他的个人标准来判断这种做法的对错。例如，他临摹过毕加索的一幅画，其原作非常有质感，而他是参照一张小明信片画出来的，所以并不知道原画真正的质地。于是，他在一张大画布上完全复制了明信片所呈现的效果。临摹结果非常成功，尤其是他总在画完后用砂纸打磨画布，因此画面平整光滑。当他完成画作后，他总是坚持让观赏者触摸，以感受画布的柔软。

临摹是一个让人有些忌讳的话题，因为它会减少一部分创造力，但了解一幅画及其制作技术是很有趣的。

我觉得临摹是一个很有趣的主题，我可以详细展开来谈。

有很多画家一直坚持练习临摹直到晚年。例如，塞尚曾打算在卢浮宫里临摹雕塑，如他所说，"是为了避免技艺生疏"。此外，坚持练习临摹的还有德拉克洛瓦、马奈、费尔菲尔德·波特以及其他许多艺术家。

就我而言，我已经很长时间没有临摹了，但我时不时会有点忍不住想临摹一下。我年轻的时候临摹过很多画家的作品，有委拉斯开兹、凡·高、夏尔丹、马奈的作品……还有他们祖辈的假肖像。

看、分析和做是有很大区别的。

看、分析、做，这整条包含着观察和实践的道路是为追求理想而构建的吗？

我心中有一幅理想的图作，它非常接近我所看过的最美丽的布景之一——莱昂·巴克斯特的《达芙妮与克洛伊》的舞台背景。这个背景是一个布满植物、不见天空的花园，其中有一些看起来像垂在悬崖上的树木——仿佛是垂柳，还有很多落下的果实，与水平生长的植物混在一起。我心目中的理想画面与这幅作品相似：它像一场富有节奏的大型交响乐，画面基于非常精确的水平线、垂直线，以及有主导作用的平面轨迹——这是我想创作的画作。我希望它很有音乐性且非常简洁，但能够使人观赏很长的时间。我心里有这个画面，也看得很清楚。但是，就像当你试图从记忆中再现一张脸一样，虽然你的脑海中可能会有一张精确的图像，可画起来很复杂。这就是我对这幅作品全局的想法，我要赶紧开始工作，去看看会发生什么！

右图，《达芙妮与克洛伊》，首演舞台布景，莱昂·巴克斯特。

我的作品是朝着这个我尚未创造出来的理想缓慢发展的。最棒的是,正如杜布菲所说,我这一生真的有事要做!

左图,委拉斯开兹作品临摹,布面油画,162×96厘米,1985年。

关于保罗·考克斯

十多年前,我在工作中遇到了保罗·考克斯。最初,我并没有亲眼见过他,但我见过一张他的照片。这张照片呈现的是他在蓬皮杜艺术中心儿童展览馆准备展览"建筑积木"的样子,而那时我刚刚开始工作。

我还发现了一本书,书中的丙烯颜料表现出了几何细节,每张纸上都有些艺术家有意留下的网格,上面画着不同的形状。书上的颜料轻微化开了,意味着这不是一本印刷作品。一张张如同乐谱般的画作就这样在我眼前展开。后来在我们的谈话中,我发现保罗·考克斯其实是一位音乐家。这个作品似乎完全实现了几种几何形状的不同变化。四种颜色——绿色、红色、黄色、粉红色,由于加入了蓝色和黑色而变得越来越深,这提醒着读者规则有时可能会改变。然后这些变化了的颜色再次与其他颜色放在一起,创造出新的色彩关系和不同的光线效果。至此我对保罗·考克斯的作品有了初步的认识,包括颜色、符号和网格,就像他在谈论自己的作品时经常提出的内容摘要一样。网格的作用就像小学生的格子纸,这些小方块构成了几何结构图像的基础。

我喜欢那张保罗的照片，我甚至觉得，对我来说，这张照片才是我们的一次真实的相遇。我真的认为，多亏了他的作品，我才意识到我对平面设计的热爱。我所说的平面设计是指在绘画、数字、拼贴、批量创作或绘画等有艺术家作品的这一分支。在探索保罗·考克斯的作品时，我发现了其他许多平面设计师，他们通过计算机设计出的图像，运用折纸或剪纸，赋予了世界更多的意义。保罗·考克斯有这种能让图像开口说话的天赋，在我们的谈话中，他经常提到这些作品完全表达出了他想说的东西，并且他不需要文字来修饰他所看到的一切。就像有些人找到了合适的词语来表达一切一样，保罗·考克斯根据这个创作原则找到了合适的图像，那些图像可以带我们走得更远。但他是个可能会推翻自己原有想法的人。

无论是在他的抽象画中、书中，还是在他的平面设计作品中，他都为一种可能的想象奠定了基础。1995年，保罗·考克斯根据他的《艺术史》创作的布面油画就是一个例子。保罗·考克斯在他的作品中描绘了三个反复出现的角色："赤裸国王"、身为艺术家的另一个我和探险家。这三个角色在他理解世界的方式中具有重要意义。"赤裸国王"提醒我们，我们必须把握自己的选择和行为，而不是盲目地遵循普遍共识。艺术家的形象在任何过程中都是必不可少的，它代表着自由和创造的精神。探险家则引领我们睁大眼睛，让我们充满好奇，看得更远。这三人成了保罗·考克斯故事的主角，他们就像放在路上的小塑像一样，让孩子们感觉触手可及，即使不知道角色其中的含义。这三个角色所代表的象征意义在保罗·考克斯处理工作和表达他与世界的关系的过程中是必不可少的。

起源

保罗·考克斯说他是一个非常孤独的孩子，对他来说画画是最快乐的事。在我们的谈话中，他说到，在他生日时，他的母亲送给他一个绘画工具箱，那时他认为成为一名艺术家是轻而易举的事。事实上，从保罗·考克斯很小的时候起，艺术就似乎在他脑海中扎了根。保罗·考克斯很早就明白，这项看似休闲的活动对他来说是一份工作。像所有的孩子一样，他也画虚构的故事，故事中有许多海盗的船。他还在画中强调了很多细节，我们在复制士兵服装的图案和形状时发现了这种他对细节的关注。他很早就开始独立学习绘画技巧，特别是通过模仿那些伟大的画家。他把那些作品临摹出来，试图通过看这些画解开艺术家的秘密。在他的一本速写本中，我们还可以找到日本艺术家北斋的《巨浪》的副本，其临摹的精确度令人惊讶。早在孩提时代，保罗·考克斯就会通过实践、临摹、阅读和参观展览来学习艺术。他说，自己所做的一切都使他非常高兴。在保罗·考克斯的作品中，我们很容易感受到他积极的好奇心，并且可以将它与渴望通过做重复的事情来建立理解的想法联系起来。我们了解他的方式，他知道如何混合使用技术以及采用不同的媒介，而且会凭一丝不苟的性格和始终存在的细节意识让它们相互影响或互不干涉。

艺术长期出现在保罗·考克斯儿时的生活中，即使在他玩的游戏中也是如此。由于对建筑的热情，保罗·考克斯特别喜欢机械员，在很短的时间内，他觉得自己未来会成为一名建筑师。但他尽设计一些他自己也无法运作的机器，就这样，他完全放弃了这个想法，就像他曾放弃了想成为糕点师的愿望一样。因此，小男孩保罗·考克斯所有失败的尝试都指引着他重新回到视觉艺术这个领域。他说自己小时候去看展览时，眼里一直闪着光，而那时去那里，仅仅是为了一个纯粹的快乐时刻。当他现在讲述自己刚看过的展览时,他眼中还是闪烁着同样的光芒。正如他自己所说,没有什么能让他如此开心。

日本平面艺术

在保罗·考克斯的童年时代,音乐非常重要,并引领他发现了其他领域,例如插画。在这个领域中,他最早接触的艺术家之一是安德烈·埃莱——一位在20世纪前期发展起来的儿童读物界艺术家。安德烈·埃莱的代表作《玩具箱》,同时也是克劳德·德彪西的儿童芭蕾舞曲《玩具箱》的灵感来源。这首由多个乐章组成的《玩具箱》钢琴曲是保罗·考克斯儿时最喜欢的曲目之一,而且,也正是通过克劳德·德彪西的音乐作品,保罗·考克斯第一次接触到了日本平面艺术。实际上,他父亲经常将克劳德·德彪西的专辑《大海》放在钢琴上,专辑封面上就画着北斋的《巨浪》。他还记得曾多次重绘的《世界图解》系列中的一本书,这本书让他着迷。书中集合了许多日本演员的肖像画,这些木版画具有强烈的红色、橙色、灰色、黑色或白色色调。这些作品已被大量复制,正是这些复制品激发了他对日本艺术的好奇和喜爱。十几岁时,保罗·考克斯开始收集当时相当流行的版画,这些版画上是用"绉布"制成的繁复花朵或棋盘样式。他在圣叙尔皮斯街的一家商店以非常低廉的价格买下了大量版画,因为他被其中大胆且具有创造性的拼版以及其构图和细节的精确性吸引。他说,那种现实主义和风格化之间的平衡最令他着迷,尤其是植物和建筑的绘画。我们发现保罗·考克斯在自己的一些画作中,甚至在平面设计作品中,都在寻找这种适当的平衡,一种在描绘物体、轮廓和赋予其最纯粹的形式之间的平衡。

对日本平面艺术的兴趣使保罗·考克斯很容易理解这种作品,这样的兴趣使得他的学习研究没有那么艰巨。破译艺术家创作的技术过程对他来说是无限的学习源头,能够让观者在欣赏作品的同时了解其中的技术是他作品中非常特别的一面。在这种情况下，创作过程与发现创作过程本身一样重要，因为这样会产生非常广阔的探索路径。在日本艺术中，要达到这种完美的和谐，需要一个漫长的创作过程，就像保罗·考克斯围绕一个项目进行的研究一样。北斋进行了数年的研究并绘制了多个版本的《巨浪》，画出了最终版本中完美的线条和颜色。艺术家所使用的创作方法有时也是一个作品的主题。保罗·考克斯在这条探索道路上对日本平面艺术的特殊性进行了重新利用，这使得他会用不同的技术，并以多种方式处理同一图像，以呈现更好的效果。

关于记笔记多说一句

就像玛丽·里舍在她的法国文化节目中所说的那样，保罗·考克斯的作品总是让我想到他的笔记，这一直让我感到困惑。据我所知，他是唯一一个只用自己的笔记进行创作的平面设计师，他不使用任何预排版创建自己的字体。这些特点给他的作品打上了真正的印记，成了他的个人品牌，他记下来的灵感也在他的作品中得到了体现。当保罗·考克斯谈到他的创作方法时，他解释说，在他的方法中，他的作品由每天在笔记本上积累的记录构成。有些灵感他不会想起，但记录下来的话，以后的某一天就可能会再用上。笔记是最可靠的记忆，只要重新打开这个笔记本就可以产生一个想法或回想起一种技术。我曾经听一位作家说，他需要写作是因为写作让他知道自己在想什么，只有通过写作才能理清自己的思想。保罗·考克斯用了同样的方法来梳理他的项目中固有的问题。他从一开始就积累着非常有条理、精确、密集的笔记，然后将这些笔记结合在一起，形成了创作项目的基本要素。这种具有经验性的思考体系能使他回归本质，并融入创作过程。保罗·考克斯是一位很难满足的研究人员，他总是进一步推进认知和发现，以达到自己的创作目的。每个项目都是一项研究,每个项目都源于一项研究。没有任何东西是未经研究而创造的,这不是因为缺乏知识,而是因为需要与个人世界重新连接——保罗·考克斯一直在这方面努力着。

颜色告诉我们什么

米歇尔·帕斯图罗在《色彩列传》中写道:"颜色的选择从来没有任何巧合。"对我来说,保罗·考克斯的作品代表着一个红绿相间的世界。

红色以其优势吸引了人们的目光,它本质上是一种非常抢眼的颜色。在保罗·考克斯于 2015 年为 Fotokino 工作室制作的海报《游乐场》中,处在中心的红色梯子立即吸引了我们的目光。这种相同的色调在图像的不同位置被重复使用,以用于构造其他元素,例如儿童的小型活动场地。这样的色彩应用将我们的目光吸引到海报画面的后方,以此增加了作品的深度。红色在这个故事中创造了一条线索,一条从一个游戏到另一个游戏的路径。梯子,作为第一个看见的元素,能让你站得更高,看得更远,望见所有可能。这个工具象征着进入另一个世界的路,象征着一扇通往想象的大门,因此必须使其充分可见。这个元素在作品中反复出现,像桥一样,象征着从一个世界通往另一个世界的通道,也使我们能看得更远。海报中的红色与绘画的自然元素形成对比,绿色代表着植物元素。

绿色是他的作品中第二重要的颜色,它代表与花园有关的一切。像孩子一样,保罗·考克斯也将绿色用在植物上,将蓝色用在云彩上。然而有一个细节逃脱了,我们看到远处的绿色树木和布满植物的绿色土丘干扰了手推车的图像前景,手推车融入地面的绿草中。这提醒了我们,这个世界是可以变动的。用米歇尔·帕斯图罗的话来说，"绿色的象征意义几乎完全围绕着不稳定性的概念：它代表了一切移动、变化、改变的事物。绿色是机会的颜色、游戏的颜色、命运的颜色、运气的颜色、机遇的颜色……"。有意识或无意识地，保罗·考克斯喜欢的这种颜色象征着他作品中非常突出的主题：巧合与游戏。

因此，在我看来，这张海报是保罗·考克斯作品的体现。在装置物明显固定的情况下，这张海报完美描述了装置中的物体，其中相同的元素有梯子、树木、手推车，这些元素按一个成人或一个孩子的高度建造，都是可移动的，所以每个参观者都可按他们的想象来建造自己的游乐场。海报中看起来是装饰性的元素在这个装置中变成了可动的。

网点

游乐场的图画为我上司办公室添彩的几年来，我长时间观察过它很多次，这幅图让我想起了爱德华·维亚德，他是保罗·考克斯喜爱的画家之一。首先让我想起他的是保罗·考克斯在1888年11月20日的日记中写下的这些话："我们通过感官感知自然，这些感官让我们有了形状、颜色、声音等图像体验，一个形状、一种颜色，只存在对比关系中……单独的形状并不存在，我们只是理解了这种对比关系。如果我盯着任何一点，我就会到任何一个主体面前……"这可能是画家和平面设计师的工作有交集的地方。这件作品中，每个物体的优势只有通过与它周围的对比才能表现出来。保罗·考克斯很少使用混合色调，他将色彩作为一个整体，因为不同色彩所释放的东西不同。他通过对比以及颜色和/或形态与其所处环境的关系来理解色彩，与爱德华·维亚尔的纳比时期一样，其形态被简化了，且网点也经常出现，就像这里的不规则网格一样，在场景上构成了一层薄纱，似乎是为了模糊比例。如同爱德华·维亚德的作品,保罗·考克斯的大部分作品中缺少景深,像一种对"舞台"布局的探索,这种布局融合在一片网点中,以使一切都回到同一平面。

综上所述……

关于艺术家保罗·考克斯,我有很多话要说。皮埃尔·博纳尔说:"一名画家需要两种生活,他在一种生活中学习,在另一种生活中练习。"保罗·考克斯的特点是知道如何不断地重新以学生的姿态去观察、解读这个世界。在日常生活中对自己的绘画加以改进是进步和学习的一部分。保罗·考克斯热爱艺术,他喜欢艺术家,他也是持续探索世界的人。通过他说的话、他的行动和他对展览或读物的理解方式,我们猜测他是一个不断探索的人。这不是不满意,也不是追求理想所导致的,而是因为这是让他不断发现快乐和尝试机会的手段。在当代艺术界,拥有几种标签可能会非常复杂,但保罗·考克斯不仅是一位画家,还是平面设计师、场景设计师、作家,这些词中的每一个都定义了他,单独拿出来任何一个都不足够形容他。保罗·考克斯所有的艺术作品都成功地让这几种身份发挥了作用,而没让他迷失其中。

托比亚斯的燃木球棍把我吃了

一个作品的内幕

本部分是对保罗·考克斯创作方式的研究，并旨在探索其方式与2008年肖蒙海报节上《托比叔叔的滚木球草地》装置间的联系。

当我接手一个项目时，我要先去回应未知的焦虑。这就像游戏规则一样，如果我不这样，焦虑会使我不能动弹！将想法归档到标记整齐的类别中，并制定精确的时间表对我来说是一种解放。这是一个迷宫般的过程，但说到"迷宫"就会说到"引导线"，我总可以找到一条我自己的路，我以相同的方式构建每个项目。起初，我会针对不同主题精确分配思考时间。第一个主题是开放性的思考，我会写下我的想法。第二个主题更具体，我会提出一个总体思路。这时，与格式相比，更加具体的草图与其他元素已经出现。最后一个主题对应最终项目的诞生，其中包含有关规格和技术要素的执行说明。我一直保留着这个思考过程，是因为它可以让我在每个主题中都找到想法和解决方案，也正是在这个时刻，制作就开始了。

背景介绍

当时担任海报与平面设计节艺术总监的皮埃尔·伯纳德联系我参加展览。他是一位顶级平面设计师,也是我非常钦佩和喜爱的人。他邀请我来耶稣会教堂做展览,并将项目全权委托给我。

首先，我花时间仔细地分析了展览空间的实地数据。

当遇到像这样的装置或展览时，我总是以完全开放的心态，在布展空间花大量的时间。我观察布展空间并沉浸其中，带着弗朗索瓦·马顿在他的《诗歌实践练习》中提倡的"无意识的注意力"。

和其他每个项目一样，我在观察这个布展空间的过程中做了很多笔记。这个项目的相关文件足足有37 页！

研究阶段

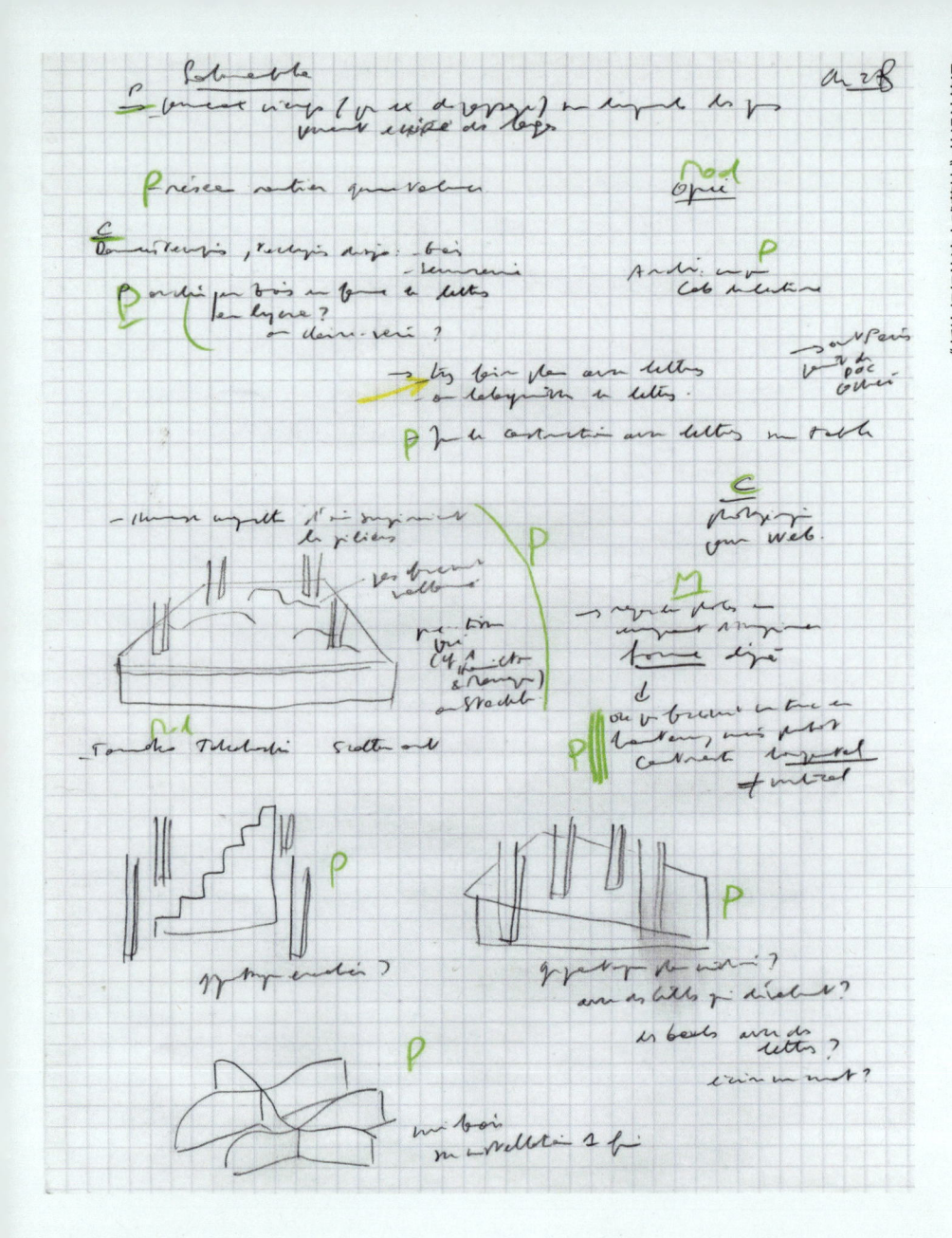

《托比叔叔的滚木球草地》的设计笔记。

研究阶段

在每个项目的创作过程中，我需要沉浸在布展空间中，然后立即进行记录，这对我来说是最重要的时刻之一。这是一个准备时刻，在此期间我会看不同的书籍和图象，或多或少与该项目相关，因为那个时候我已经开始对这个项目有了些感觉。一路走来，我还是继续做大量笔记，且不会从一开始就整理归档这些内容。

渐渐地，我的资料变得充裕，笔记开始以非常有条理的日志形式出现。

在这第一步中，我总是将其定义为我所说的"备用方案"。我通过第一个闪现的想法或最直接的直觉将项目在想象中构建出来，但并未正式确定这个方案。如果经过三四天的反思，我没有其他的好主意，我知道无论如何都可以回到我的"备用方案"上。这种第一直觉通常很快就会出现，而且令人惊讶的是，它在大多数情况下都是正确的。看着这份为肖蒙展览准备的数百页文件，我意识到，要丰富并完成这个最初的构想还要经过一条漫长而曲折的道路。我认为在这个研究阶段，更需要的是充实而不是选择，因为仅仅靠最初的想法还不够，还缺乏项目成形所需的一切。

研究阶段

如同我对其他每个项目一样,为了肖蒙的展览,我查阅了可能比较符合主题,或与主题相距甚远的资料。我准备了装满各种图像的资料夹(通常我会拍摄书中使我感兴趣的页面,并将照片存储在我的电脑里)。我翻阅书籍,并不去特意寻找任何东西,刻意保持注意力涣散,这样做很快就会让灵感和创意涌现出来。

我总是更喜欢通过书籍而不是互联网来进行这些研究,尽管有时我也会求助网络。能够从我藏书丰富的书柜中汲取灵感让我感到很幸运,我总是能惊喜地发现一些图像,像是地标或其他被遗忘的东西。这些图像将在这次新冒险中,在不同碎片之间建立新的关联,而这个过程构成了一段记忆。我一般将整理材料的时间限制在两天——这个项目就是如此。

很长一段时间以来,我一直会在我的记录文件中设置一个"标志",因为文件太多,我捋不清楚。我开始画下划线做标记,以便理清头绪——这些标记包括颜色代码、字母代码和文字。

我的代码在所有项目中代表的都是一样的意思。

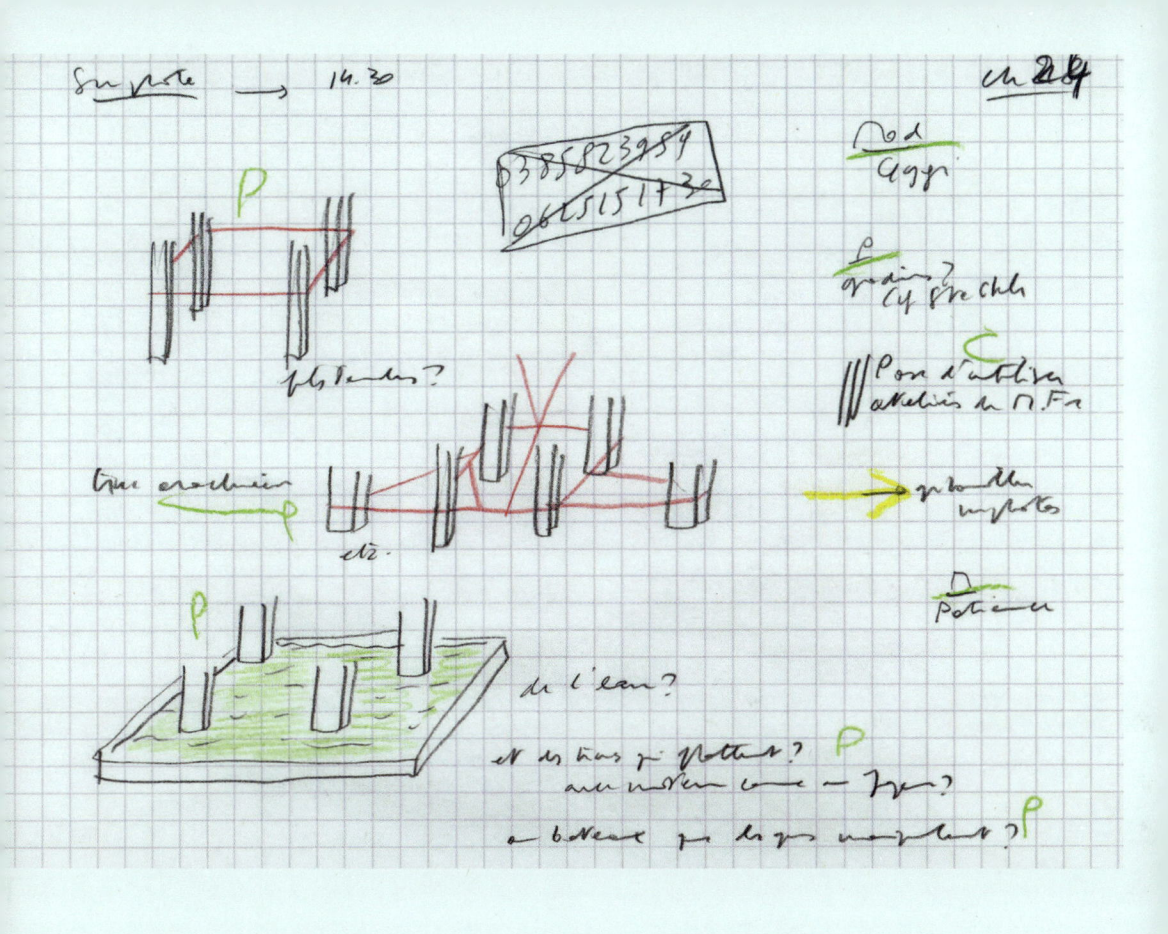

《托比叔叔的滚木球草地》的设计笔记。

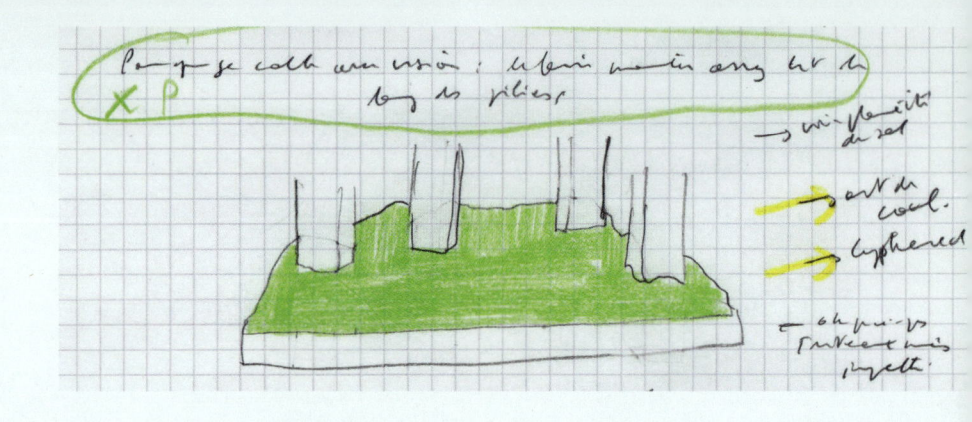

《托比叔叔的滚木球草地》的设计笔记。

颜色代码

绿色有两个功能：一是突出马上要进行的工作；二是在制作灵感列表的过程中，突出那些我可能会再三考虑的元素。由此可见，绿色突出了项目中的重要元素。我对绿色的要求非常苛刻，我用的是叶绿色铅笔，不太好买。有些绿色让我感到不舒服，我不喜欢在笔记中使用这些绿色，因为对我来说它们有点不吉利。这个文件中的草图上，有一个用绿色圈起来的句子："让它沿着柱子升得足够高。"这意味着这个想法对我来说很重要。这就是绿色的功能。

我用黄色表示之后要做的事情。我对黄色的选择和对绿色的选择一样挑剔，我需要一种相当温暖的黄色，否则不会有效果！

红色主要用来标记时间表、需要记住的尺寸，以及基本技术数据。

Ch 30

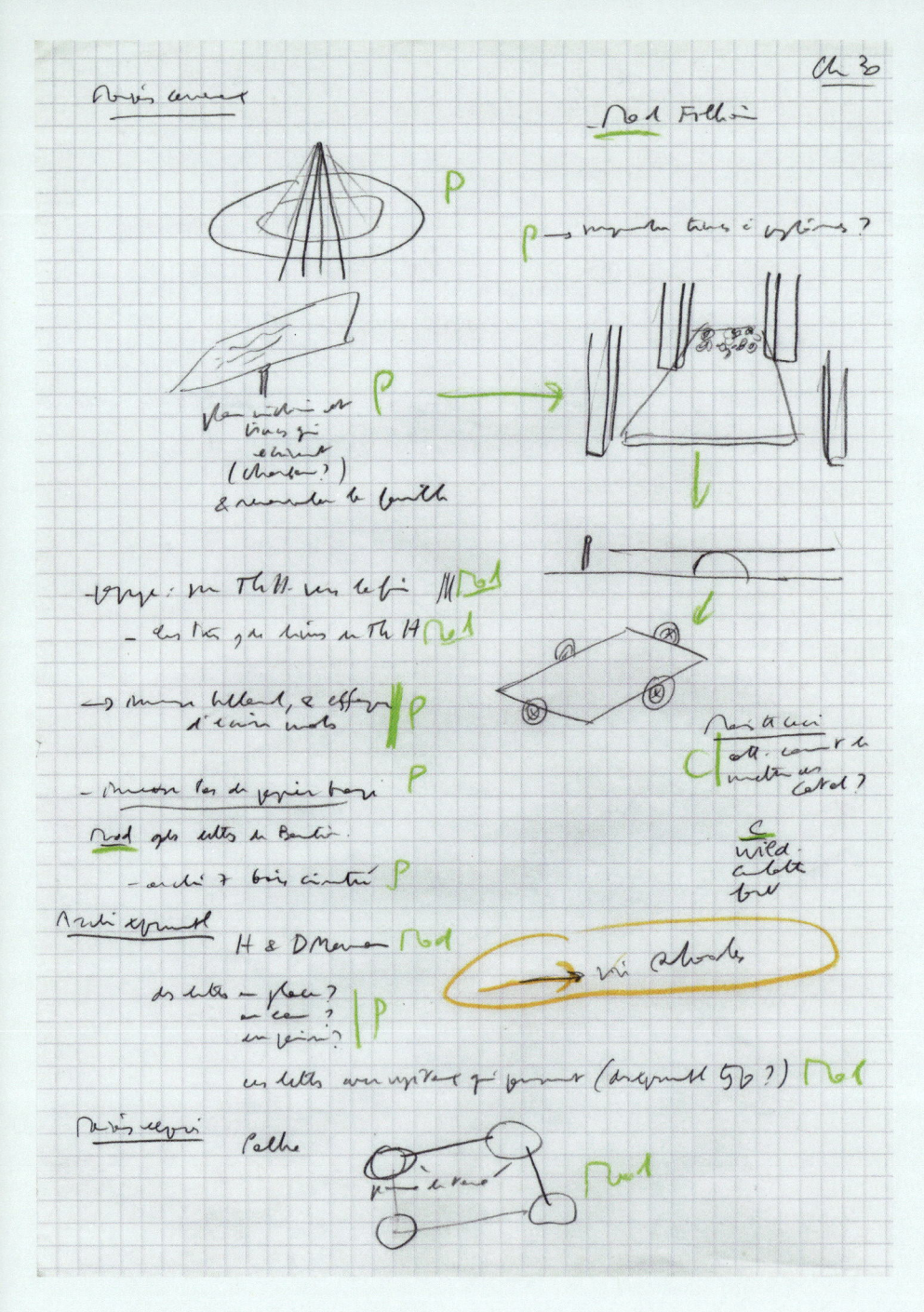

字母或单词代码

为了在重读笔记时更容易找到头绪，我使用首字母或缩写来区分不同的条目：C、M、MOD、P、DOC……

C代表"标准"。这个字母的分类下记录了所有可以引领我的工作、目标以及我对这个项目的期望。我经常说："让它值得在会议中被提出。"因为当一个项目可以公开并用两个词描述时，我相信这是个不错的项目。我并不是说必须准确地命名所有东西，而是必须能够用几个简单的词来描述一个项目。

还有一个条目为MOD（指"范例"）。在这个条目下，我汇集了在我看来与关注事项关系密切的人，或者对这个项目有启发的人。我列出了一些艺术家，其中包括我想象的、可以替代自己投身在这个项目中的艺术家。"某某会怎么做？"——我会经常问自己这个问题，很多时候都很有用！此外，还有些我喜欢和我想搜集其相关资料的艺术家，例如马拉奇·法瑞尔。

P代表"可能性"。记录在这个字母下的都是具体的、可以实现的想法，一般是是情节、题词、制图元素、旗帜或平面区域……

研究阶段

这个条目下标注着"没必要让参观者参与装置互动"。这是我当时拿不定主意的一个问题,后来我又考虑了很多,最终将《托比叔叔的滚木球草地》设计成了互动装置。

M代表"方法"。我收集了我在思考和工作方式方面给自己的想法和建议,然后放在了这个条目下。

有时在处理一个新项目时,我会重新查看这些列表以重新开始工作。

裁剪标签

当需要在P(可能性)区域中选择我将执行的想法时,我会将P列表裁剪成纸条,每个想法一张,然后按优先顺序在我的工作台上排列出来。因为我发现在脑海中梳理大量的想法是很难的,但用小纸片整理这些想法会变得更容易!

我也使用裁剪标签的方法整理时间表。对我来说,在办公桌上用标签计划时间顺序比在大脑中更容易。在这些纸条上,我可以写出每个任务的持续时间,从简短的五分钟到最长六小时。它构建了一个让我工作更轻松的框架。

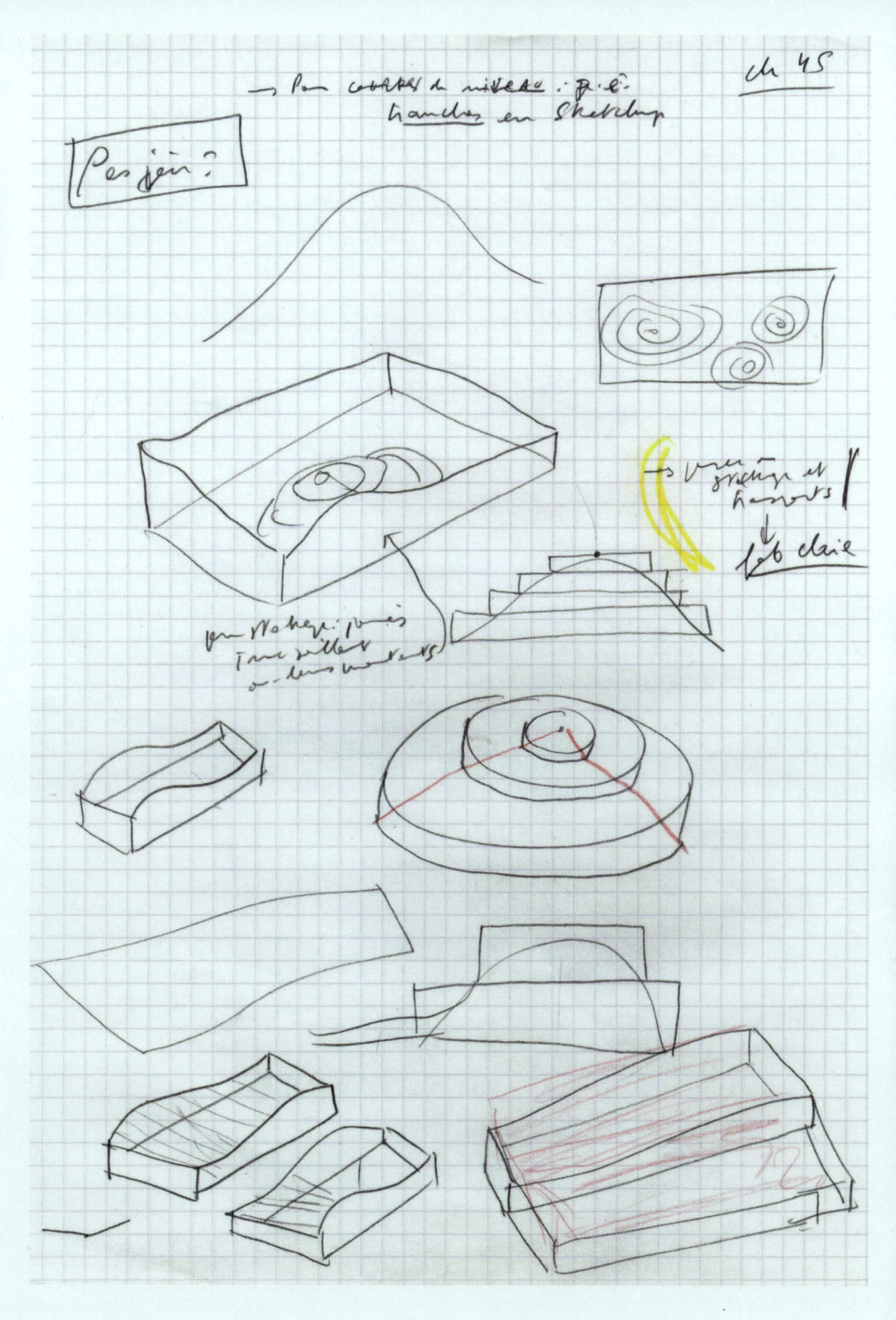

《托比叔叔的滚木球草地》的设计笔记。

构思

　　在为这个安装项目做的早期笔记中，有一张快速绘制的草图，它表达了我最初的直觉，展现出了在我看来最适合这个展览地点的确切的解决方案。

　　这个展览空间是巴洛克式的建筑，纵向空间设计对称。建筑物很高，许多部分由黑白大理石组成，营造出一种非常壮观的氛围。令我震惊的是有机的曲面与严谨的正交之间的对比，我立刻确定我设计的装置必须是水平的，要与这个垂直空间相呼应。我看到一片柔软的广阔空间覆盖了中殿的整个表面，一直延伸到过道。这是最初的草图，非常接近最终效果。

上图，耶稣会教堂，肖蒙。
下图，《托比叔叔的滚木球草地》的设计笔记。

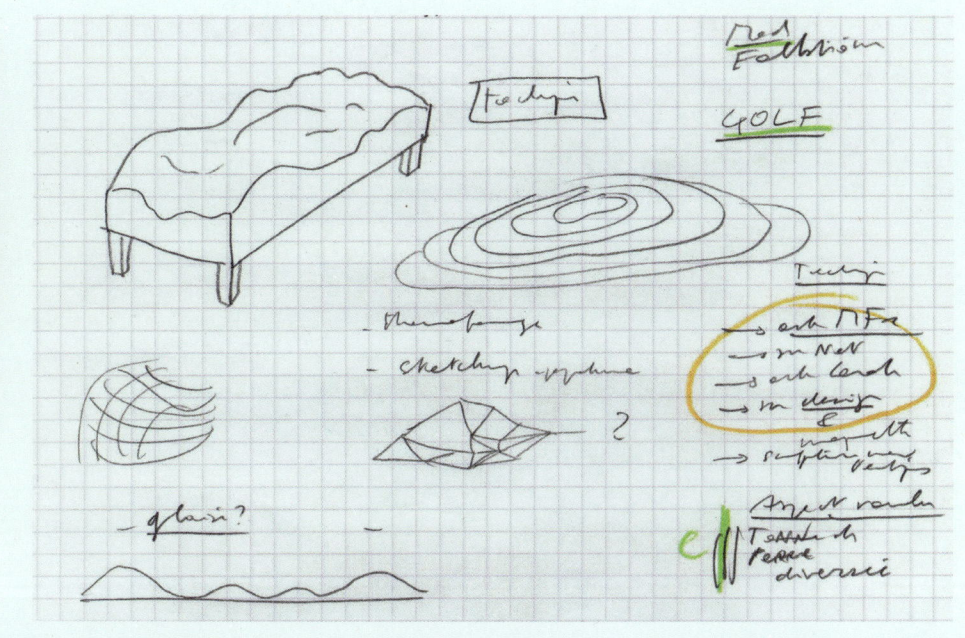

构思

在这个阶段，解决方案已如此明显地送到我面前，以至于我不得不将它保留，即使我根本不知道如何将它与艺术节主题联系起来。在某种程度上，这是一个赌注。

因此我在处理这个形式直觉上花了很长时间，直到制作各种细节时，我有了一些具体构想，才知道如何将它与平面设计背景这一艺术节主题联系起来。

为了达成方案，我的第一个路径是运用制图。我在大型景观表面上贴上了道路布局和制图标志。我也想过在上面安装一些小东西，比如建筑模型，但最后我选择只画线。就在那时，我萌生了让它成为一款参与性游戏的想法。

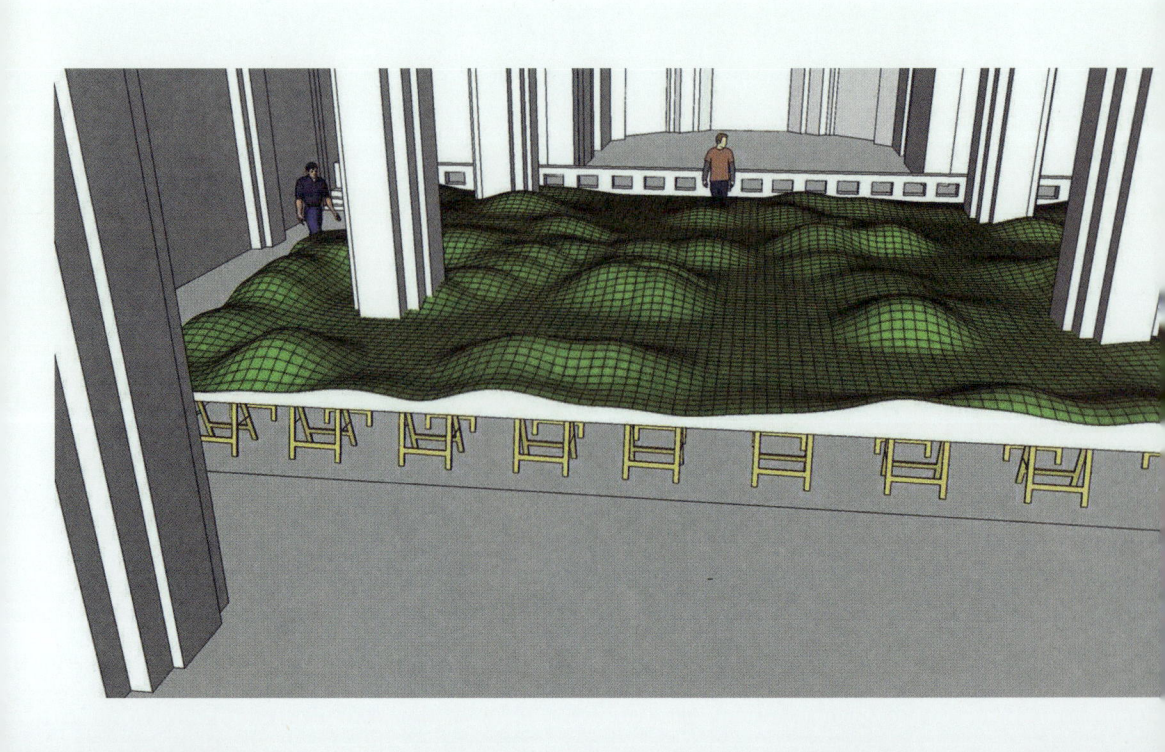

构思

因为当地人对肖蒙艺术节一直都没有一个明确的印象，我就更加希望观众能参与到与艺术作品的互动中。所以我构想了一个非常容易理解的作品，以尽可能多地吸引观众，我相信它确实奏效了。

我考虑到在教堂里展示一个艺术装置并非易事，所以我联系了我最喜欢的作家，同时也是一名牧师的劳伦斯·斯特恩。在《项狄传》中，他讲述了一个参与了佛兰德斯战争的角色——托比叔叔的故事。故事描写了托比叔叔如何花时间在所谓的"滚木球草地"上复原他所经历的战斗。"滚木球草地"是一个巨大的人造景观，建在他的花园深处，他在那里发动、上演战争。我喜欢原文中"boulingrin"（滚木球草地）这个词的词源，它来自"bowling green"（草地滚球场）。

劳伦斯·斯特恩是一个很有趣的人，因为据我所知，他是第一个关注《项狄传》设计形式的作者，从某种意义上说他是一名平面设计师。

构思

　　在我的脑海中,"玩耍"(play)和"祈祷"(pray)这两个词之间产生了一种相当有趣的联系。通常,参观这个小教堂展览的游客,即使没有神圣的氛围,也依旧会低声说话,但这一次,他们会在我的滚木球草地上玩耍大声喊叫!

　　当工作开始时,我就不会再更新我的列表,因为我已经对这些信息进行了选择,并建立了标准。但这并不妨碍我在创作过程中经常查看列表,看看项目从何而来,以及这个想法是如何产生的。我认为在工作中,知道你来自哪里是非常重要的,即使一路上你已偏离最初的想法。

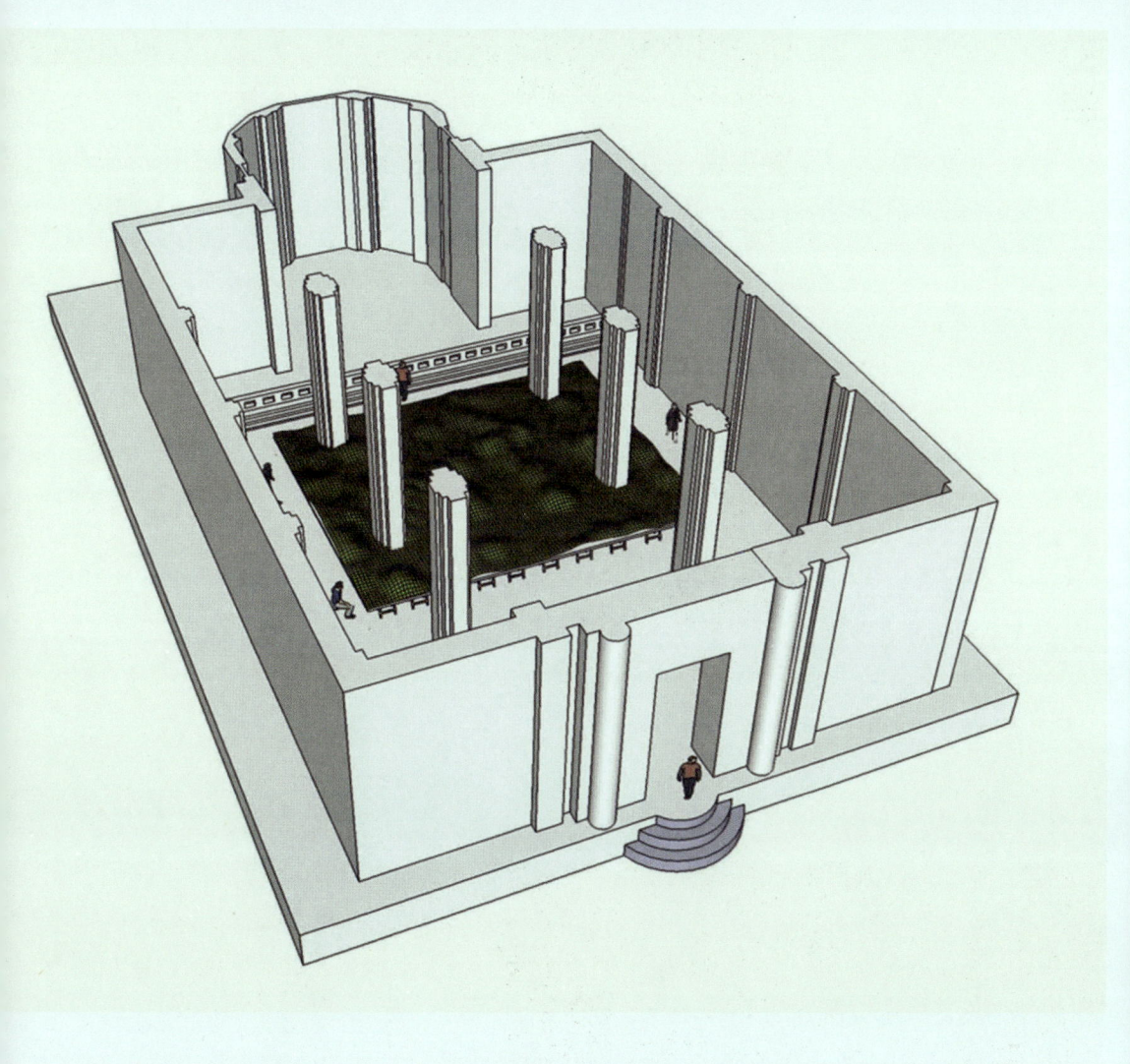

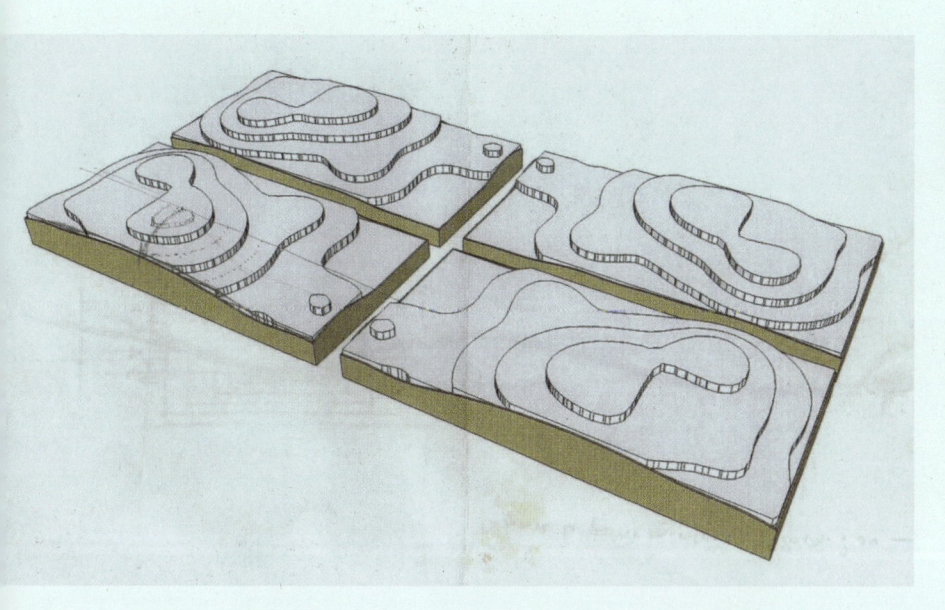

装置的3D模型图。

21

制作

制作

我自己参与所有的制作,我喜欢尽可能地掌握每一个细节,这些项目的一切都是在我的乡间工作室里建造的,而不是在展览现场,为此度过几个不眠之夜是值得的。我会仔细测量展览场地,但地面永远不是完全平的。可是,只有当所有表面都为平直的,才能进行最终安装,所有东西都必须完美地配合在一起,特别是四根柱子卡在装置中的位置。我承认我没有对完成装置制作的整体工作量做过估算。我和一位名叫卡罗尔·梅茨纳的助手一起工作,她帮助我完成了几个芭蕾舞布景的创作,她也是聚苯乙烯泡沫石头雕塑方面的专家。这件作品就是用这种材料做的,她帮我解决了大问题,简直是理想的助手人选!

制作模型时的工作室内景。

制作

该装置在超过100平方米的矩形地面上组成了一个巨大的山丘和山谷景观。

为此，我们制作了大约50个、大小为122×250厘米的胶合板盒。我们在侧面根据景观的轮廓对胶合板盒进行切割，并填充了大量的聚苯乙烯。

为了更容易调节这些突起的部分，我选择使用不同厚度的聚苯板，将它们堆叠并黏合在一起，然后根据其特定的轮廓切割板子侧面，使这些装置载体拥有了宝贵的标记。一旦聚苯板叠加到了理想的高度，我们就用大型切割机粗略地修整外形。然后，我们一边要用手持电热丝雕刻出景观中的元素，同时还要一丝不苟地按侧面标记切割板子——这是一个难以想象的难题，因为每个元素的交汇点都必须非常完美，才能将其与相邻的部分连接起来。

接着，我们用切割机重新打磨表面，接着用粗齿锉，最后用砂纸磨，使其越来越精细。

将制作完成的模型进行拼接,以确认拼合效果。

25

上图，制作完成的模型。
下图，模型表面涂绘。

最后，我们用颜料上浆，覆盖整块塔拉丹布。一旦将塔拉丹布放置于搭建好的结构，并覆在聚苯乙烯泡沫上，剩下的就是通过敲击纱布让颜料穿过纱布松散的网眼，从而使颜料完全贴合泡沫表面。这是我们在《胡桃夹子》系列中已经用过的一种技术，这样的表面处理能非常漂亮且很好地反射光线。

这个装置像其他迷你高尔夫球场一样，到处分布着带有编号的孔，参观者可以用高尔夫球瞄准它们。这些孔都与一根管道相连，该管道像所有其他管道一样通向位于装置前部的收集器，玩家可以在其中将打出的球取回。

这样的装置被安装在一片有上百个支架的丛林中。

运输及安装

在制作装置的过程中，有好几辆卡车载满制作装置的原材料聚苯乙烯板来到我的乡间工作室，而在第一次安装时，需要三辆拖车才能将所有装置的"零件"运往位于肖蒙的展览场地。就算拖车可以顺利通过蜿蜒的小路到达教堂所在的村庄，他们离开时也必须倒车几千米才能驶出村庄。

为了将这些庞大的模型装上两辆卡车，我对它们的摆放位置做了精确到厘米的安排。

整个装车过程需要一周时间。

上图，到达肖蒙后的卸车。
下图，拼装前摆放在教堂内的模型。

最后，补充一些详细情况

这个方式是随着时间逐渐完善的，其中很大一部分来自我几乎每天都在做的笔记。我的口袋里总是放着一本笔记本，我在上面记录想法，甚至在走路的时候也这样。然后我将记录过的页面剪下来，并把它们放在专门的文件夹中，这些文件夹中有一个名为"DD"的条目，放着我的"每日绘画"；里面还有一个名为"R"的条目，记录关于绘画的一切"感想"；名为"IDL"的条目代表"写书灵感"；另一个"L"代表"生活"，包含着与生活相关的记录。正如这个标题——"生活"，该条目下记录的内容就是通常意义上的生活。我的阅读笔记当然也在其中。

有关安装的一些时间和技术数据：
对《托比叔叔的滚木球草地》这一装置的安装，从安装申请发起到项目落地之间的过程花费了两个月的时间，申请的相关文件长达几百页，制造过程耗时六周。该装置于2008年5月完工，并于2008年5月24日至7月6日展出。该装置现已被拆除，并存放于展出城市的相关机构中。

30

俯瞰《托比叔叔的滚木球草地》。

保罗·考克斯书目清单

L'étrange croisière du Pépeurcouque.
Dargaud, 1987; Mango, 1992.
Le mystère de l'eucalyptus.
Parution, 1987; Albin Michel Jeunesse, 1991.
L'énigme de l'île flottante.
Parution, 1988; Albin Michel Jeunesse, 1991.
Petit manuel à l'usage des peintres de nature morte.
Parution, 1988.
Krolik is hungry.
Osaka, 1990.
L'affaire du livre à taches.
Albin Michel Jeunesse, 1991.
Mon amour.
Gallimard-Le Sourire qui Mord, 1992; Le Seuil, 2003.
Le secret de l'étang doré.
Tepco, Tokyo, 1993.
Le secret du parfum chinois.
Albin Michel Jeunesse, 1995.
Trois abécédaires.
Chez l'auteur, 1996:
26 amis;
26 palais professionnels;
26 choses utiles.
L'Art de la Couleur.
La Petite Pierre, Bruxelles, 1996.
Nisome Hiki.
Chez l'auteur, 1996.
A Cyphered message.
Chez l'auteur, 1997.
Un livre flippant.
Chez l'auteur, 1997.
Ces quelques fleurs (ouvrage pour quand on est invité à dîner).
Chez l'auteur, 1997.
Animaux.
Le Seuil, 1997.
Un Monde.
Livret de 16 pages dans *Le Monde* du 8 septembre 1997.
Le grand jeu de Pierre, pour Pierre Alechinsky.
Le Salon d'Art, Bruxelles, 1997.
Histoire de l'art.
Le Seuil, 1999.
Œuvres romanesques complètes.
Franck Bordas, 1999 – 110 titres, dont:
La lecture, ce besoin;
Le bûcheron obstiné;
Les raisons de brouter;
L'oubli des chagrins;
Les deux frères et l'étourderie;
À propos de nos doigts;
Âmes et lèvres;
L'observateur et les ailes d'or;
Antoinette et les coûteuses provisions;
La solitude mode d'emploi I et II;
Entretien des routes et éclairage des rues;
La lune, les planètes, les étoiles, les comètes;
Histoire des trois oublis;
Le récit du vieillard, ou le trépied;
Chronique d'un coeur satisfait;
Les draps de nos lits;
Le langage des fleurs (filles).
La Petite Pierre, Bruxelles, 1999.
Le langage des fleurs (garçons).
La Petite Pierre, Bruxelles, 1999.
Le jeu de l'amour et du hasard (jeu de société sans règles).
Coédition Coxbox et Edizioni Corraini, Mantoue, 2000.
Ces nains portent quoi???????.
Le Seuil, 2001.
Vraiment, ces nains portent quoi???????.
Franck Bordas, 2001.
Mystory.
The Ganzfeld #2, New York, 2001.
Le livre le plus long du monde, quadrichronie en hommage à Munari.
Les trois Ourses, 2002.
Cependant… le livre le plus court du monde.
Le Seuil, 2002.
Coxcodex 1.
Avec des textes de Véronique Bouruet-Aubertot, Joseph Mouton, Anne de Marnhac, Philippe-Alain Michaud, Catherine de Smet et Marie Muracciole.
Le Seuil, 2003.
Paul Cox, design&designer.
Pyramyd, 2003.
Plafond en kit (les sentences de Montaigne).
Eric Seydoux, 2004.
Papier imprimé.
Éditions du Musée de l'Objet, Blois, 2004.
Carte blanche à Paul Cox.
Tribune de Genève, 17 décembre 2005.
Cahier de dessin.
Edizioni Corraini, Mantoue, 2006.
Diary
Undicessimo / Corraini, Mantoue, 2007.
Méthode.
Édition du Lux, Scène nationale de Valence, 2007.
Petites Folies.
T & T, 2007.
Paysage.
Abbaye Royale de Fontevraud, 2013.
Petit Théâtre Alphabétique.
Fotokino, 2015; Edizioni Corraini, Mantoue, 2017 pour les traductions italienne et anglaise.
Paul Cox.
Mémo, 2018.
Jeu de construction.
Éditions B42 & Éditions du Centre Pompidou, 2018.